Starke
Mütter

Ulrike Engels, Texte   Nele Martensen, Fotografien

Starke
Mütter

Lebensgeschichten zwischen Wunsch und Wirklichkeit

KNESEBECK

Inhalt

Vorwort

Große Freude, aber ebenso große Ängste und Zweifel und vor allem viele Fragen gehören vermutlich zu den häufigsten Begleiterscheinungen von Schwangerschaften. Genauso erging es uns, als wir Mütter wurden. Viele Bilder und Vorstellungen im Kopf, aber keinen wirklichen Plan.

Und immer wieder war die Frage: Wie ist das eigentlich für andere Frauen? Wie gehen sie mit ihrem Mutterwerden um? Aus unserer Neugier entstand eine Idee, und irgendwann wurde daraus ein Projekt: Wir begannen, Schwangere zu fotografieren, und fragten, wie sie sich ihre Zukunft als Mutter vorstellen. Jahre später besuchten wir sie wieder – um zu erfahren, was aus ihren Wünschen geworden ist.

So unterschiedlich die Frauen und ihre Lebensentwürfe auch sein mögen, die wir in den letzten 16 Jahren kennengelernt haben: Allen gemeinsam ist, dass sich ihr Leben durch die Geburt ihres Kindes stark verändert hat. An die Stelle weitestgehender Selbstbestimmung traten plötzlich Rund-um-die-Uhr-Dienstleistung, Schlaflosigkeit und jede Menge neue Gefühle. Die Arbeit an diesem Buch hat uns gezeigt: Wie Frauen ihr Muttersein erleben, ist heute facettenreicher denn je. Die klassische Hausfrauen- und Mutterrolle ist den unterschiedlichsten Lebensmodellen gewichen.

Da entpuppt sich der Vater des Kindes doch nicht als der Mann für die Ewigkeit, und plötzlich steht man als Mutter alleine da, konfrontiert mit ausbleibenden Unterhaltszahlungen, überfordert vom täglichen Kampf zwischen Kind und Job. Von den über 30 Frauen, mit denen wir gesprochen haben, sind inzwischen mehr als die Hälfte alleinerziehend oder leben mit einem neuen Partner. Bei anderen entwickelt sich der Traum vom gemeinsamen, idyllischen Landleben anders als erhofft, oder die geplante Rückkehr in den Beruf wird nach der Geburt des behinderten Kindes zur Utopie. Viele der von uns porträtierten Frauen kamen im Laufe der Zeit in sehr schwierige Situationen, die sie mit enormer Kraft und innerer Stärke gemeistert haben und aus denen sie als gewachsene Persönlichkeiten hervorgegangen sind.

Aus all den Geschichten, die uns erzählt wurden, ist eine Langzeitbeobachtung entstanden, die uns einen sehr persönlichen Einblick in das Muttersein von heute eröffnet. Ganz unterschiedliche Schicksale und Entwicklungen haben unsere Sicht auf das Leben mit Kindern immer wieder aufs Neue verändert. Wir haben erlebt, dass es völlig sinnlos ist, Idealbildern hinterherzulaufen, dass auch Scheitern dazugehört und dass es kein »Richtig« oder »Falsch«, »Schwarz« oder »Weiß« gibt. Wichtig erscheint uns heute vor allem, sich auf die innere Stimme und die eigene Intuition zu verlassen. So wie jeder Mensch ist auch jede Mutter anders.

Eine weitere Erkenntnis aus diesem Projekt ist sicher auch: Die Mutter von heute braucht ein bisschen mehr Gelassenheit. Sie sollte nicht versuchen, Familiencoach, leidenschaftliche Liebhaberin und Karrierefrau in einem zu sein. Und sie braucht mehr Unterstützung von Vätern, Exmännern, Arbeitgebern und durch realistische Kinderbetreuungsangebote. Denn »Supermama« gibt es nicht, und es muss sie auch nicht geben. Gut frisierte, immer adrette Mütter, die ihr adäquat gestyltes Baby lässig auf der Hüfte tragen, die Laptoptasche in der Hand, jeder Situation gewachsen, existieren WIRKLICH nur in Hochglanzmagazinen und Windelwerbespots. Die Realität sind Mütter, die auch mal die Nerven verlieren und im bekleckerten T-Shirt ihr Kind anschreien, weshalb der geliebte Nachwuchs bestimmt nicht gleich verhaltensauffällig wird.

Werden Kinder oder Jugendliche gefragt, welche Eigenschaften sie an einer Mutter wichtig finden, geht es meist um ganz andere Dinge. Da heißt es: »ein offenes Ohr, kuscheln, Zeit haben, Aufmerksamkeit, Spaß haben, dass sie ein Vorbild ist, klare Regeln, Unterstützung und Verständnis«. Eigenschaften, die sicher nichts mit bestimmten Rollenbildern oder Klischees zu tun haben. Eher mit Frauen, die sich auf das Abenteuer Muttersein und auf ihre Kinder einlassen, die bereit sind, sich mit ihren Kindern gemeinsam weiterzuentwickeln und dabei selber erwachsen zu werden. Dass das immer wieder möglich ist, zeigen uns die 18 Frauen und Mütter in diesem Buch.

Dorothee wagt etwas Ungewöhnliches. Mit 38 entscheidet sie sich für einen Alleingang, sucht einen Vater für ihr Kind und entbindet ihn von allen Verpflichtungen.

DOROTHEE 40, Schauspielerin

Nur wir zwei

Margarete. So hießen schon beide Großmütter. Und die Figur des Gretchens, des Mädchens mit dem großen Herzen in Peter Steins *Faust*-Inszenierung, war eine ihrer größten Rollen. Seither ist Gretchen eine Art Passwort ihres Lebens. Kein Wunder, dass die Schauspielerin ihre Tochter Margarete, kurz: Gretchen, genannt hat. Übersetzt bedeutet der Name »die Perle« oder auch »Kind des Lichts«. Es könnte nicht passender sein – Margarete ist das ganz große Glück.

Dorothee arbeitet seit neun Jahren als festes Ensemblemitglied am Wiener Burgtheater. Sie liebt ihren Beruf: Proben, Aufführungen, Werkstatt-Lesungen, neue Vorstellungen, sich immer wieder selbst erfinden. Nächtelange Diskussionen mit den Kollegen über Inszenierungen, über das Leben. So viel Leidenschaft für die Bretter, die die Welt bedeuten, dass wenig Raum bleibt für Privates, Beziehungen oder Familie.

Irgendwann findet es die zierliche Frau beängstigend, dass ihr Beruf so einen hohen Stellenwert einnimmt. Sie, die selbst so eng mit ihren Eltern und ihren beiden Geschwistern verbunden ist, die eine behütete Kindheit in Bayern erlebt hat, merkt,

dass etwas fehlt, das ihr die Schauspielerei nicht geben kann. Dorothee wünscht sich ein Kind. Sie ist Ende 30 und ohne feste Beziehung. Also: Was nun?

Dorothee wagt etwas Ungewöhnliches. Sie entscheidet sich für einen Alleingang und sucht einen Vater für ihr Kind. Sie entbindet ihn vorab von allen Verpflichtungen, wird sehr schnell schwanger. »Den Mann fürs Leben zu finden, daran habe ich nicht mehr geglaubt, dann wäre ich möglicherweise längst über 40, darauf wollte ich es nicht ankommen lassen.« Nur ihre Familie und ihre engsten Freunde kennen den Vater ihrer Tochter. Alle anderen müssen trotz Neugier und nerviger Spekulationen akzeptieren, dass sie zu diesem Thema nichts sagt. Nicht, weil es der Vater so will, und auch nicht, weil sie mit der ganzen Sache ein Problem hat. Sie hütet dieses Geheimnis, um ihr Kind und dessen Gefühle zu schützen. Dorothee möchte ihrer Tochter eines Tages ihre Version der Geschichte erzählen, und zwar ohne dass das Mädchen vorher durch Halbwahrheiten verunsichert wird.

Die Schwangerschaft verläuft anstrengend. Neun Monate lang ist Dorothee durchgehend schlecht, kotzübel, sie hat das Gefühl, eine »kleine giftige Ratte« im Bauch zu haben, und ist demoralisiert. Die Situation macht sie nervös. Plötzlich hat die sonst so entschlossene, humorvolle Frau Angst, das Leben mit einem Kind nicht alleine bewältigen zu können. Als sie sich zwei Monate nach der Geburt ihrer Tochter bei einem Fahrradunfall den Knöchel so schwer bricht, dass sie acht Wochen lang liegen muss und ihr Baby nicht einmal tragen kann, fürchtet sie, dass ihr neues Leben eine einzige Katastrophe wird.

Doch die Katastrophe bleibt aus. Dorothee zieht vorübergehend zu ihren Eltern. Die kümmern sich rührend, schaukeln den Säugling und pflegen den Knöchel. Als sie nach Wien zurückkehrt, ist Gretchen vier Monate alt. Das Burgtheater wartet. Ihr Alltag zwischen Baby und Bühne beginnt. Mit dabei: eine Tagesmutter für morgens, eine Leihoma und diverse Babysitter für abends. Die Arbeitszeiten einer Schauspielerin sind nicht kompatibel mit Krippen- oder Kindergartenöffnungszeiten, deshalb muss sich Dorothee von Anfang an generalstabsmäßig organisieren. »Das ist natürlich ein Kraftakt, aber ich will es ja so. Ich finde eh nicht,

»Ich arbeite bis kurz vor der Geburt, obwohl ich merke, dass bei manchen Stücken meine Schwangerschaft plötzlich wichtiger ist als das Stück und meine Rolle.«

dass das Leben immer leicht sein muss. Außerdem: Meine beste Freundin wohnt gleich nebenan. Und meine Schwester, die keine eigenen Kinder hat, ist extra nach Wien gezogen. Sie ist jetzt meine Tagesmutter. Besser geht's nicht.«

Glücklich über die großartige Unterstützung, hat Dorothee den Eindruck, dass es kaum etwas gibt, was mehr Sympathien weckt als eine alleinerziehende Mutter. Tochter Gretchen ist es gewohnt, von verschiedenen »Müttern« betreut zu werden, auch wenn es ab und an Katastrophenalarm gibt und sie lieber bei der eigenen Mama bleiben würde. Solche Momente fallen Dorothee schwer, aber wenn sie als Schauspielerin arbeiten will, sieht sie keine andere Möglichkeit.

Trotz aller Liebe zum Theater muss die Schauspielerin inzwischen sehr ökonomisch mit ihrer Zeit umgehen. Um Punkt 22 Uhr rast sie nach Hause, um den Babysitter abzulösen, statt nach der Vorstellung wie früher noch in der Kantine zu sitzen. Sie nimmt nicht mehr an jeder Lesung teil und sieht sich nicht mehr jede Premiere an. Die Kollegen akzeptieren ihre Situation, aber Dorothee ist klar, dass es für die Inszenierung eines Stückes entscheidend sein kann, auch mal bis Mitternacht über eine Rolle zu diskutieren. »Die ungetrübte Freude am Beruf hat sich verändert. Ich freue mich wahnsinnig, wenn ich proben kann, aber jetzt habe ich oft ein schlechtes Gewissen. Wenn ich auf einer Probe sitze und die Leute ihren Text nicht können, sehne ich mich nach meinem Kind.«

Natürlich wäre so manches mit einem Partner einfacher, aber nicht unbedingt schöner, denn seit Gretchen geboren wurde, ist Dorothee der »glücklichste Mensch der Welt«. »Mir geht es viel besser, es ist eine Liebe in mein Leben getreten, die ich nicht kannte, ich liebe meine Eltern und meine Geschwister sehr, aber dieses Bedingungslose, diese Wucht, mit der ein Kind kommt, das ist unglaublich! Ich hätte nicht gedacht, dass ich so lieben kann.« Dorothee, die eigentlich immer in Aktion war, immer etwas produzierte, wenigstens las oder Fenster putzte, wenn sie frei hatte, sieht ihrem Kind plötzlich stundenlang fasziniert beim Entdecken der Welt zu, kuschelt ewig mit Gretchen oder spielt den halben Vormittag auf dem Boden und lacht über die Albereien ihrer Tochter.

Den Traum von der kompletten Familie, von der großen Liebe, gibt es noch. Nur fehlen Dorothee gerade die Kraft und die Kapazitäten, um den Mann fürs Leben

»Schwanger zu sein ist für mich ein sehr privater Zustand, das geht keinen etwas an.«

»Natürlich werde ich als berufstätige Alleinerziehende auf jede Menge Hilfe angewiesen sein, aber ich würde dieses Kind auch bekommen, wenn mir kein Einziger hilft.«

kennenzulernen. Mit Gretchens Vater, der weit entfernt von Wien wohnt, verbindet sie eine freundschaftliche Beziehung. Hin und wieder sehen sie sich. In ihrem täglichen Leben spielt er keine Rolle. Für Dorothee ist es wichtig, dass Gretchen ihren Vater kennt und später selbst entscheiden kann, wie das Verhältnis zu ihm aussehen soll.

Ihre Bilanz nach über zwei Jahren mit ihrer Tochter: Alleinerziehend zu sein, empfindet die Schauspielerin nicht als Problem. Vielleicht weil sie von Anfang an gewusst hat, worauf sie sich einlässt. »Der Wunsch nach einem zweiten Kind ist für mich viel stärker als der nach einer Beziehung. Ich finde es wunderschön, Mutter zu sein, und habe das Gefühl, dass man zu zweit noch keine richtige Familie ist. Außerdem würde ich es Gretchen so sehr wünschen, mit einem Geschwisterkind aufzuwachsen. Wenn ich unkündbar wäre, wäre ich schon längst wieder schwanger, selbst Gretchens Vater hätte nichts dagegen.« Im Moment überwiegt die Angst, ob ein Leben zu dritt überhaupt zu finanzieren wäre. Gerade jetzt, wo sie mit 40 in ein Alter kommt, in dem es für Schauspielerinnen oft schwierig wird, und sie darüber hinaus nicht mehr so flexibel ist, mal eben von Wien nach Hamburg oder Hannover zu ziehen. Und doch ist sich Dorothee sicher, dass sie es ihr Leben lang bereuen wird, wenn sie kein zweites Kind bekommt. Noch ein absolutes Wunschkind. Mal sehen.

Alice und Björn kennen sich, seitdem sie 15 Jahre alt sind.
Sie ist seine erste Freundin, er ihr zweiter Freund.
Für die Zahnärztin sind es die Kinder und nicht ihre Karriere,
die ein erfülltes Leben ausmachen.

ALICE 40, Zahnärztin
Glück sind Viele

Die Wohnung ist groß genug, aber am liebsten halten sich alle in einem Raum auf. Zwei Kinder, zwei Erwachsene, ganz viel Nähe. Miteinander zu sprechen, miteinander zu sein, zu wissen, wie es dem anderen geht, sind für Alice unerlässliche Koordinaten ihres Familienlebens. Diese Harmonie inmitten der hektischen Großstadt aufrechtzuerhalten, kostet Kraft. Zu viel Kraft für mehr als zwei Kinder, auch wenn viele Leute dachten, dass Alice mindestens vier bekommen würde.

Alice und Björn kennen sich, seitdem sie 15 Jahre alt sind. Auf einer Klassenfahrt irgendwann Ende der 80er wurde aus ihrer Freundschaft Liebe. Sie ist seine erste Freundin, er ihr zweiter Freund. Die beiden sind zusammen groß geworden, haben alles vom Abitur bis zu den ersten Berufsjahren gemeinsam erlebt. Nie waren sie getrennt. Alice hat ihr Zahnmedizinstudium beendet und ist Assistenzärztin, als sie schwanger wird. Das Kind ist nicht geplant, aber gewollt. »Ich dachte, wenn wir beide bald arbeiten und Geld verdienen, was tun wir denn dann? Gehen wir immer essen oder machen tolle Reisen und kaufen uns schicke Möbel? Das

war mir zu leer. Ich habe mich überhaupt nicht mit Björn gelangweilt. Aber so ein ›Double-Income-No-Kids-Leben‹ war nicht attraktiv für mich.« Alice wollte immer Kinder. Am liebsten mehrere. Das idyllische Bild von der »Mutter mit einem Baby auf dem Arm und daneben der schlafende Hund« war ihre Version eines erfüllten Lebens und nicht das der Karrierefrau, die von Termin zu Termin hetzt. Zum Glück hat Alice einen Beruf, der es nicht erforderlich macht, 40 Stunden die Woche im Einsatz zu sein. Als Zahnärztin kann sie ebenso gut Teilzeit arbeiten, ein Kind ist nicht das Ende ihrer beruflichen Karriere.

Als Lilli geboren wird, steckt Björn noch mitten im Studium, und so muss Alice die kleine Familie erst einmal ernähren. Nach zwei Monaten steht sie wieder in der Praxis. Sie pumpt Milch ab, und ihr Mann kümmert sich um den Säugling. Eine Situation, die ihr das Herz zerreißt. Alice möchte nur bei ihrem Baby sein. Aber es gibt keine Alternative und für Alice auch keine Diskussion. Sie hat die Möglichkeit, Geld zu verdienen. Björn muss erst einmal sein Studium beenden, seinen Weg finden – dabei hat er ihre volle Unterstützung.

Nach gut zwei Jahren mit ihrer kleinen Tochter können sich Alice und Björn ein weiteres Baby vorstellen. Das Dreier-Team ist eingespielt. Lilli wird vormittags in der Krippe betreut, Alice arbeitet selbstständig in einer Praxisgemeinschaft auf dem Land, und Björn hat eine feste Stelle. Luise, genannt Isi, kommt zur Welt. Alice praktiziert zunächst nur noch ein bis zwei Tage in der Woche, vor allem um ihre Patienten nicht zu verlieren, denn ihr Mann kann inzwischen die Familie ernähren. Rollentausch. »Björn hat von dem Zeitpunkt an Vollzeit gearbeitet, in der Filmbranche geht das nicht anders. Für mich war das keine Selbstaufgabe. Ich wollte es so, denn ich bin gerne bei den Kindern, eine große Karriere hat mich nie interessiert. Im Prinzip bin ich so ein Typ, der eigentlich immer nach Hause will. Das war schon früher so.«

Die chaotische Tagesplanung mit zwei Kindern, die vielen kleinen Baustellen, die man ständig zu bewältigen hat, strengen Alice an. 30 Minuten über die Autobahn in die Praxis hetzen, wieder nach Hause, die Mädchen von der Kita abholen. Schon auf dem Weg zur Arbeit ist sie in Gedanken bei ihren Kindern. Fragt sich, wie es ihnen geht, ob alles in Ordnung ist. Aufreibend, denn in ihrem Beruf muss

»Es gibt eine Menge Leute, die behaupten, zwei Kinder sind mehr als doppelt so viel, das verunsichert mich schon.«

»Ich hoffe sehr, dass
unsere Tochter mit ihrem
Geschwisterkind
gut auskommt und nicht
allzu eifersüchtig ist.«

sie hochkonzentriert arbeiten. Jede Minute eine neue Entscheidung, immer wieder neue Patienten. Fehler sind hier nicht erlaubt. Auch mitten in der Großstadt zu wohnen, erhöht für Alice, die auf dem Land groß geworden ist, den Stresspegel. »Mein Bestreben war es, nicht in der Stadt zu wohnen. Auf dem Land mit eigenem Garten wäre es entspannter gewesen. Obwohl das Leben hier allein schon durch die zahlreichen Kinderbetreuungsangebote ganz viele Vorteile bietet.« Alice ist hin- und hergerissen, einerseits sehnt sie sich nach etwas mehr Ruhe und Abgeschiedenheit, andererseits würde sie den bunten Trubel im Viertel vermissen. Seit einem halben Jahr ist sie sogar Mitinhaberin einer kleinen Kneipe in ihrem Kiez, die sie mit fünf Freunden betreibt. Eine weitere Aufgabe, aber auch eine Herzensangelegenheit. Einen Tag pro Woche hat sie hier Thekendienst, was ihr, die so gerne kocht und es liebt, sich um Menschen zu kümmern, großen Spaß macht.

Die Harmonie in ihrer Familie, eine entspannte Beziehung zu ihrem Mann und zu ihren Kindern gehen Alice über alles. Ihren zusätzlichen Job als Kinderzahnärztin bei der Behörde hat sie wieder aufgegeben, als sie feststellte, dass die Belastung für alle zu groß wird. »Da bekomme ich schlechte Laune und bin einfach zu kaputt. Wenn Björn dann auch noch einen Film macht, geht es nicht mehr. Ich höre

sofort wieder auf, das ist es mir nicht wert. In solchen Situationen sagt auch Björn etwas, da reagieren wir beide gleich.« Alice und Björn sind sich in vielen Punkten sehr ähnlich. Sie waren glückliche, selbstzufriedene Kinder, die viel von zu Hause mitbekommen haben. Dasselbe wünschen sie sich für ihre Töchter. Die beiden merken ziemlich schnell, wenn der Haussegen schiefhängt, wenn irgendetwas nicht mehr passt. Jeden Morgen trinken sie ihren Café zusammen im Bett und reden. Ihr Ritual seit Jahren. Und sollten sie sich mal zu wenig sehen, weil Björn gerade sehr viel arbeitet, dann wird wenigstens telefoniert. Alice hat hohe Ideale, was ihre Partnerschaft anbelangt. »Meine Eltern sind auch sehr eng miteinander, da war immer ein großer Liebesmantel. Ich habe kein Konzept, aber wenn man zu wenig redet oder zu wenig knutscht, dann muss sich auf jeden Fall etwas ändern.«

»Mein Mann und ich sind schon ewig zusammen, und wir verstehen uns wirklich gut. Unsere Zweisamkeit ist mir sehr wichtig.«

Alice genießt ihren größeren Freiraum jetzt, wo die Kinder älter werden. Früher fühlte sie sich häufig gefangen in den ständigen Abstimmungsprozessen mit ihrem Partner – wer kann wann wohin gehen und wer passt auf die Kinder auf? Noch heute findet sie die immer gleich ablaufenden Nachmittage hin und wieder anstrengend. Dann fehlt ihr die Spontaneität, die mit zwei Kindern einfach nicht möglich ist. Andererseits ist sie schon ein bisschen wehmütig, dass die Kleinkindzeit unwiderruflich vorbei ist. »Als sie Babys waren, fand ich dieses wahnsinnig körperliche, dieses nahe ›Haut an Haut‹ so toll. Das verliert sich leider so. Irgendwie habe ich immer noch nicht kapiert, dass das wieder weg ist. Ich dachte immer, die bleiben so.«

Noch ein Baby, ein Geschwisterkind, das wünschen sich vor allem Lilli und Isi. Auch Alice denkt ab und zu über ein drittes Kind nach, denn um noch jemanden lieb zu haben, hätten alle vier genügend Ressourcen. Aber inzwischen ist sie 40 Jahre alt und kann sich ein Baby eigentlich nicht mehr vorstellen. Außerdem findet sie, dass ein weiteres Kind auch ein weiterer Kostenpunkt ist. An die Zeit, wenn die Mädchen aus dem Haus gehen und Björn und sie tatsächlich zum »Double-Income-No-Kids-Paar« werden, mag Alice allerdings noch nicht denken. »Ich glaube, dann kaufe ich mir einen Hund« , sagt sie. Und lacht dieses unglaublich ansteckende Lachen.

Ob ein zweites Kind zu bekommen nach ihrer schweren Krankheit überhaupt möglich ist, muss Andrea erst bei Fachärzten in ganz Deutschland herausfinden. Sie beendet ihre Chemotherapie und ist nach einem Monat Bedenkzeit schwanger.

ANDREA 43, Autorin
Alles anders als normal

Ein Moment, wie ein Autounfall, nur ein paar Sekunden, und alles ist anders. Wenn eine Schwangerschaft, die große Freude über ein Wunschkind, und die niederschmetternde Diagnose einer schweren Krankheit zusammenprallen, steht die Welt plötzlich Kopf. Andrea erwartet ihr erstes Kind und ist bereits in der 33. Schwangerschaftswoche, als sie von ihrer Urologin erfährt, dass sie Blasenkrebs hat. Der Tumor ist bereits relativ groß, das Baby muss schnell geholt werden, damit Andrea operiert werden kann. Nur zehn Tage Zeit. Andrea und ihr Freund entschließen sich, trotzdem wie geplant nach Kopenhagen zu fahren und zu heiraten.

Dann, mitten im Juni, an einem der heißesten Tage seit Jahrzehnten, wird Leonie geboren – und Andrea noch im Kreißsaal operiert. Dem 1900 Gramm schweren Frühchen geht es gut, seiner Mutter nach dem schweren Eingriff ziemlich schlecht. Im Rollstuhl wird sie zu ihrem Baby gebracht, kann das vogelkleine Wesen kaum halten. Plötzlich Mutter zu sein, ihre winzige Tochter zu stillen und gleichzeitig selbst gesund werden zu müssen, die Angst um das empfindliche

Frühchen, die Angst vor dem Krebs – das alles passt nicht zusammen. »Normalerweise nimmt man sein Kind und geht raus. So aus dem vollen Leben gerissen zu werden, das war für mich gar nicht zu begreifen – ich hatte vorher noch nicht einmal eine Blinddarm-Operation, war noch nie ernsthaft krank. Diese Erfahrung parallel zur Geburt des Kindes hat mich komplett überrollt.«

Ein quälender, langer Sommer. Sechs Wochen verbringen Andrea und Leonie in der Klinik. Es geht auf und ab, mal besser, häufig schlechter. Zum Glück ist ihr Mann da, sooft er kann, füttert Leonie, verbringt Stunden mit dem schwerelosen, zarten Mädchen auf seinem Bauch, schläft bei ihnen im Familienzimmer. Andrea versucht ihre Krankheit auszublenden und sich, so gut es geht, um ihr Baby zu kümmern. Ihre Prognosen sind positiv, auf die weitere Behandlung durch eine Chemotherapie kann verzichtet werden. Das größte Schreckgespenst ist vorerst verjagt. Die beiden dürfen endlich nach Hause. Aber selbst in ihrer vertrauten Umgebung ist Andrea Lichtjahre entfernt von einem normalen Mutter-Kind-Alltag. Sie möchte unbedingt stillen, will Leonie jede nur mögliche Nähe geben, auch weil sie sich schuldig fühlt, dass durch ihre Krankheit das Baby viel zu früh geboren wurde. Ein aufreibendes Prozedere – Leonie, mit Elektroden versehen, vom Herzmonitor überwacht, ist zu schwach, um zu trinken, schafft nur

»Die Nächte mit unserem ersten Kind wurden ruhiger, und auch mir ging es besser. Es kam ein Stück Freiheit, ein Stück Normalität zurück, erst da habe ich überhaupt über eine zweite Schwangerschaft nachgedacht.«

»Ich hoffe sehr, dass ich mit diesem Kind die Säuglingszeit ganz normal und unbeschwert erleben kann, all das, was mit Leonie durch meine Krankheit undenkbar war.«

winzige Portionen und wird schnell wieder hungrig. Andrea, deren Körper von der Operation noch geschwächt ist, versucht alles alleine zu machen. Sie schläft höchstens eine Stunde zwischen den Stillphasen, überschreitet ihre Grenzen. »Ich hing in der Wohnung und hatte gar kein Leben mehr. Ich war total erschöpft, dann habe ich die Alarmglocken geläutet.« Sowohl ihre Eltern als auch die Schwiegereltern helfen, so gut sie können, und ihr Mann übernimmt, trotz seines anstrengenden beruflichen Alltags, die Hälfte der Fütterungszeiten. Andrea kommt ein wenig zur Ruhe. Für die jungen Eltern, die erst seit knapp drei Jahren ein Paar sind, ist diese Situation ein unglaublicher Kraftakt. Andrea ist sich sicher, dass viele Männer weggelaufen wären. Ihre Beziehung ist an der Belastungsprobe gewachsen.

Nach einem Jahr kommt der Krebs zurück. Die kleine Familie ist gerade umgezogen, ihre Wohnung eine halbfertige, laute Baustelle. Zwei Mini-Tumore, eine erneute Operation, diesmal gefolgt von einer Chemotherapie. All die Kraft, die Andrea die ganze Zeit mobilisiert hatte – weg. Fängt jetzt alles von vorne an? Hört es nie auf? Was bewirkt die Chemotherapie? Um mit der Situation halbwegs umgehen zu können, braucht Andrea so konkrete Informationen wie möglich, ein Netz an Fakten, etwas, an dem sie sich abarbeiten kann. Als sie erfährt, dass die Chemotherapie nur lokal eingesetzt und nicht ihren ganzen Körper belasten wird, ist sie beruhigt, auch wenn die Behandlung für drei Jahre angesetzt ist. »Mein Kind hat mich die ganze Zeit aufrechtgehalten. Ich musste ja funktionieren und konnte mich gar nicht so sehr mit der Krankheit beschäftigen. Ich habe nicht einmal eine Reha gemacht, es war ja für nichts Zeit. Leonie war meine Bewältigungsstrategie, sie hat mir meine eigene Situation erleichtert.«

Was ihre Erkrankung anbelangt, hat Andrea ein ziemlich dickes Fell, dünnhäutig wird sie, wenn es um Leonies Gesundheit geht. Besonders schlimm ist es in dem Winter, in dem Andrea mit ihrer Chemotherapie beginnt und Leonie eigentlich jeden Tag für ein paar Stunden in der Kindertagesstätte gegenüber betreut werden sollte. Es dauert über sechs Monate, bis sie es schafft, zwei Wochen hintereinander in die Kita zu gehen. In der übrigen Zeit sind das zarte Mädchen und Andrea mehr oder weniger krank. Was auch bedeutet, dass Spielplatz, Babyschwimmen, Krabbelgruppe, das normale Mutter-Kind-Programm, ausfallen. »Durch die ewigen Krankheiten hörte auch unser Sozialleben auf. Die Nächte sind schlecht, man ist kaputt, man ist wahnsinnig blockiert. Ich dachte eigentlich, ich mache auch mal etwas für mich, gehe zum Yoga oder so, aber das bleibt alles auf der Strecke.«

Andrea, die immer gearbeitet hat, fällt die Decke auf den Kopf. Sie braucht Inhalte jenseits von Krankheiten und Kinderalltag. Ein Leben als Vollzeitmutter ist für die Frau mit den vielen Ideen keine Option. Erst entwickelt sie ein Kinderbuch, dann ein Konzept für eine TV-Serie. Die Krankheitsphasen werden weniger, die Nächte ruhiger. Andrea erlebt sorgenfreie Monate mit Leonie, die inzwischen ein ausgeglichenes, völlig normal entwickeltes kleines Wesen ist. Andrea genießt es, »unbeschwert Mutter sein zu dürfen«, und setzt ein bisschen psychischen Speck an. Eine neue Erfahrung. Der Wunsch nach einem zweiten Kind entsteht. Sie träumt von einem Geschwisterkind für Leonie, die nicht alleine aufwachsen soll, und hofft darauf, Schwangerschaft und Säuglingszeit einmal ganz unbeschwert und normal zu erleben.

Um herauszufinden, ob ein weiteres Kind in ihrer Situation überhaupt denkbar ist, beginnt Andrea akribisch bei Fachleuten in ganz Deutschland zu recherchieren. Sie erfährt, dass sie die Chemotherapie beenden kann und den Krebs ziemlich sicher hinter sich gelassen hat. Nach einem Monat Bedenkzeit wird Andrea schwanger. Und am Ende einer problemlosen Schwangerschaft kommt ihre Tochter Elena zur Welt. »Es war großartig. Ich habe mir viel Zeit genommen, alles noch einmal mit anderen Augen zu sehen. Allein nach dem Kaiserschnitt das Kind im Arm halten zu können, war schön. Das Stillen funktionierte, alles klappte. Ich habe das Baby sehr genossen.« Elena ist ein Selbstgänger, frech, quirlig, und mit 18 Monaten macht sie sich schon alleine die Schuhe zu. Ein echter Wirbelwind, dem alle fünf Minuten etwas Neues einfällt, der seine Umwelt im Sturm erobert.

»Ein Kind fand ich immer zu wenig. Ich finde, Geschwister profitieren stark voneinander, was mir sehr wichtig ist. Auch als Familie ist man irgendwie erst zu viert komplett.«

Ihre Mädchen sind für Andrea wie ein Gefühl von »ganz frischem Verliebt-sein«. Die vielen innigen Momente, diese intensive Nähe zeigen ihr jeden Tag, dass sie selbst nicht das Wichtigste ist. Ihre Kinder überraschen sie immer wie-der und zwingen sie dazu, flexibel zu bleiben. Andrea möchte mit niemandem tauschen, der kinderlos ist. Die humorvolle Frau mit dem fragilen Körper und der starken Seele hatte trotz allem nie Zweifel, dass ihre Entscheidung, Kinder zu be-kommen, die richtige war. Dass sie inzwischen auch wieder zweieinhalb Tage die Woche als Redakteurin arbeitet, bringt ihre Welt ins Lot. Der Austausch mit Kolle-gen, die Beschäftigung mit spannenden Projekten sind für Andrea ein notwendi-ger Ausgleich zu ihrem Leben als Mutter.

Anke lebt mit einer großen Familie aus Freunden und Nachbarn auf Mallorca. Seelenverwandte. Ein eigenes Kind hat sie sich nicht unbedingt gewünscht. Dann wird Juli geboren und mit ihr eine 80-Prozent-Mutter.

ANKE 40, Innenarchitektin
Sonnenkind

Sóller, ein malerisches, uraltes Städtchen im Nordwesten von Mallorca. Im Rücken die Berge, der Blick fällt aufs Meer. Eine barocke Kirche prägt das Zentrum, filigrane Stadthäuser säumen schmale Gassen. Überall Oleander, Olivenbäume, Palmen. Die Sonne flirrt. Feierabendstimmung. Auf der Plaza spielen Kinder am Brunnen, die Eltern sitzen an der Bar. Frauen, noch im Bürooutfit, mit ihren Babys unter dem Arm. Mittendrin Anke und ihre kleine Tochter Juli. Man trifft sich, plaudert, trinkt ein Glas. Ein stetiger spanischer Singsang liegt in der Luft. Für die meisten Menschen Urlaubsambiente, für Anke Alltag.

Die Innenarchitektin lebt auf der liebsten Ferieninsel der Deutschen. Vor zwölf Jahren, kurz nach dem Studium, kam sie mit ihrem Lebensgefährten, der Bauingenieur ist, für ein Projekt nach Mallorca und blieb. Seither restaurieren, bauen und gestalten die beiden hier Häuser, vor allem Ferienimmobilien. Für Anke und Roland ein Traum. Sie genießen ihr Leben im Süden zwischen Entwürfen, Handwerkern, Baustellen und Strand. Das Paar, das seit 17 Jahren zusammen ist, wohnt und

>Wir sind seit 17 Jahren zusammen, und wir dachten nie: ›Jetzt müsste man unbedingt ein Kind haben.‹ Uns fehlte nichts. Die Schwangerschaft war sicher nicht geplant, fühlte sich aber von Anfang an richtig an.«

arbeitet in einem alten Stadthaus mitten in Sóller. Die Türen sind immer offen, Nachbarn schauen vorbei. Im Sommer kommen Freunde aus Berlin, Bielefeld und anderswoher, Kinder toben durch das Haus. Hier wird gegessen, gefeiert, gelacht, geträumt, gemeinsam gelebt. Eine große Familie. Ein eigenes Kind fehlt den beiden nicht zu ihrem Glück: »Wir fanden Kinder klasse, konnten uns aber auch vorstellen, keine zu haben. Wir haben das zwar ab und an thematisiert, aber es blieb immer bei ›Nö, jetzt eigentlich nicht‹, weil wir unser Leben total gut fanden, so wie es war.«

Dann wird Anke schwanger, ungeplant, unbeabsichtigt, ein klassischer Unfall. Kein Schreck, aber auch keine Welle des Glücks. Was sein soll, soll sein. Anke hat ein gutes Gefühl und lässt die Dinge auf sich zukommen. Sie erlebt eine völlig unkomplizierte Schwangerschaft, ohne Übelkeit oder Fressattacken. Auch über die Geburt und ihre zukünftige Mutterrolle macht sich die Frau, die meist intuitiv entscheidet, keine großen Gedanken. Mitten im Sommer wird ihre Tochter Juli, als Steißlage, per geplantem Kaiserschnitt geboren. Ein Wermutstropfen für Anke, die sich nach diesem doch extremen Eingriff verletzt und hilflos fühlt. Eine unwirkliche Situation. »Das Kind war da, und es fühlte sich an wie etwas, das man geliehen kriegt, aber irgendwie auch richtig und normal, wie ein neuer Teil unserer WG.«

Der Alltag mit Säugling Juli ist etwas ganz Neues für Anke, doch ist er kein radikaler Bruch mit ihrem bisherigen Leben. Sie verbringt die Tage weiterhin hauptsächlich in ihrem Stadthaus, nur nicht mehr an ihrem Schreibtisch, sondern vor der Wickelkommode oder auf dem Sofa. Anke freut sich nach zehn Jahren Selbstständigkeit über die Abwechslung von der täglichen Routine. Sie genießt es, mit ihrem Baby zu kuscheln, und findet es toll, dieses kleine Wesen aufwachsen zu sehen, zu beobachten, wie ihre Tochter die Welt entdeckt. Fahrten mit dem »roten Blitz«, der jahrhundertealten Holztrambahn, durch Sóller und endlose Spaziergänge mit dem Kinderwagen gehören genauso zu ihrem neuen Leben wie stundenlanges Buddeln am Strand. »Das macht mir schon Spaß, auch ihre Begeisterung für all das Neue. Aber ich glaube, ich bin eine 80-Prozent-Mutter, ich werde nie eine 100-Prozent-Mutter sein, die sich allein auf das Kind konzentrieren kann.« Nach fünf Tagen Bimmelbahn und Kinderprogramm muss Anke etwas für sich tun, alleine schwimmen oder zum Yoga gehen. Dann muss der Vater ran, dann muss Roland übernehmen.

Ihre Beziehung zu Roland hat sich verändert. Durch die Geburt ihrer Tochter erleben die beiden einerseits mehr Nähe, eine tiefere Bindung, einen noch stärkeren Zusammenhalt und andererseits größere Empfindlichkeiten, mehr Wut und Konfliktstoffe. Der Alltag muss neu organisiert werden, der vertraute Rhythmus verschiebt sich. Durch ihre Selbstständigkeit kann das Paar Kind und Beruf zwar gut vereinbaren, doch Roland nimmt die meisten Außentermine wahr und kann stringenter arbeiten, was Anke wegen des täglichen Still- und Wickelrhythmus nicht möglich ist. Das funktioniert im Wesentlichen sehr gut, da beide schon so lange zusammen arbeiten und gewohnt sind, sich abzusprechen und zu koordinieren. »Ich dachte nur, Roland wäre mehr zu Hause, denn nach zehn Stunden habe ich keine Lust mehr und würde mich gerne mal nicht kümmern müssen, aber er kommt oft abends spät, und es gibt viele Tage, an denen ich alleine bin.«

Es ist nicht die fehlende Spontaneität, die Tatsache, dass man sich einschränken muss und nicht mal eben abends einen Wein trinken gehen kann, die Anke schwierig findet. Es ist die häufige Fremdbestimmung, dieses immer wieder bei allem, was man tut, unterbrochen zu werden, das sie anstrengt. In der Schwangerschaft dachte sie noch, dass Babys eigentlich immer schlafen und man wunderbar nebenher arbeiten kann. Dass Juli mehr oder weniger den ganzen Tag wach ist, damit hatte sie nicht gerechnet. So muss sich das ausgeglichene Mädchen mit dem sonnigen Gemüt auch mal gedulden, wenn ihre Mutter gerade näht, streicht oder bastelt. Anke ist es wichtig, etwas »mit den Händen« zu tun, etwas zu erarbeiten, kreativ zu sein – das sind ihre Momente, ihre Bedürfnisse, die sie denen

»Ich lasse das mit dem Baby auf mich zukommen, bin aber sicher, dass wir Kind und Beruf gut vereinbaren können. Wir arbeiten seit Jahren zusammen und sind es gewohnt, Dinge zu delegieren, uns gegenseitig zu unterstützen.«

ihres Kindes nicht unterordnen möchte. »Was mir nicht entspricht, ist die komplette Fokusverschiebung auf das Kind, die dem Kind nicht gerecht wird. Das Kind ist doch überfordert mit dieser Wichtigkeit, die es gar nicht erfüllen kann. Diese Überbemutterung finde ich anstrengend. So wollte ich nie sein.«

Anke kommt aus einer sehr lebendigen Familie, in der sich immer viele Menschen trafen. Sie und ihr Bruder sind offen und alternativ erzogen worden. Straßenkinder mit Latz- und Pumphosen, Jutetaschen und »Atomkraft? Nein danke«-Stickern. Mit Eltern, die beide als Pädagogen arbeiteten und ihren Beruf und ihre Freunde genauso wichtig nahmen wie ihre Kinder. Für Anke ein glückliches, liebevolles, interessantes und freies Elternhaus, in dem es natürlich auch Konflikte gab, die aber offen ausgetragen wurden. Eine Kindheit, die so stimmig war, dass Anke vielleicht auch deshalb davor zurückschreckte, sich eine eigene Familie aufzubauen. »Ich würde sagen, wenn ich das weitergeben kann, was ich erfahren habe, wäre ich zufrieden. Das ist schon fast so eine Art ›Leistungsdruck‹, unter dem ich stehe. Dieses lockere Miteinander-Leben, das wünsche ich mir für Juli auch.«

»Das ist unser gemeinsames Kind, ich habe keine Angst, dass unsere Beziehung darunter leiden könnte. Ich bin ein sehr positiver Mensch und beschäftige mich erst mit Problemen, wenn ich sie habe.«

Bald wird Juli eine der sieben Kitas des 14.000-Einwohner-Städtchens besuchen. Sie wird Spanisch lernen, und Anke wird wieder regelmäßig ihre Häuser entwerfen und Baustellen betreuen. Die meisten spanischen Mütter arbeiten. Das ist auch in Sóller völlig normal und ganz anders als in Deutschland. Ihr Kind in einem Umfeld zu erziehen, in dem Frauen mit großer Selbstverständlichkeit ihren Beruf ausüben können und Familie trotzdem einen hohen Stellenwert hat, entspricht Anke voll und ganz. Wie hoch der Stellenwert von Kindern und Familie für Spanier ist, haben Anke und Roland gemerkt, nachdem Juli geboren war. »Seitdem ist das Verhältnis zu den anderen Bewohnern hier wärmer geworden. Für die sind wir erst jetzt richtig angekommen. Jetzt ist ein Kind da, jetzt gehören wir dazu, jetzt sind wir eingebürgert.«

Nach einem Jahr »Spaßbeziehung« wird sie, die nie Kinder haben wollte, schwanger. Ein Unfall, aber eine Abtreibung kommt nicht in Frage. Conny reduziert ihr Leben auf das Wesentliche, kümmert sich vor allem um ihren Sohn und ist glücklich.

CONNY 45
Zufall und Söhne

Ein 200-Seelen-Dorf im hohen Norden am Rande von gar nichts. Wiesen, Kühe, Pferde, Schafe, endlose Wälder. Hier ist Conny aufgewachsen, hierher kehrt sie nach 15 Jahren Großstadt, Arbeitsalltag und Dauerparty zurück. Mit Anfang 30 hat sie genug von den vielen Menschen, von Oberflächlichkeit, Lärm und Gestank und verwirklicht einen langjährigen Traum. Conny baut sich auf ihrem Erbgrundstück direkt neben ihren Eltern ein kleines Haus. Eigenhändig, komplett ökologisch, nur zwei Freunde und ihr Vater fassen mit an. Ein Kleinod mit großem Garten und Kachelofen, ein Kinderzimmer ist nicht eingeplant. Kinder sind kein Thema, die Angst vor der Verantwortung, die Angst, die eigene Unabhängigkeit aufgeben zu müssen, sind zu groß. Die Masseurin, die in einer physiotherapeutischen Praxis in der Kreisstadt arbeitet, liebt das Landleben und genießt ihre »Spaßbeziehung« mit einem Messebauer und Lebenskünstler, der überwiegend in seinem Bauwagen wohnt. Nach einem Jahr »Spaßbeziehung« wird sie schwanger. Ein Unfall, aber eine Abtreibung kommt nicht in Frage. Denn neben dieser

»Bloß kein Kind«-Haltung beunruhigt die inzwischen 37-Jährige mehr und mehr der Gedanke, als Oma allein im Schaukelstuhl zu sitzen. Selbst der fast 50-jährige werdende Vater zögert keine Sekunde, als ihm Conny, die wild entschlossen ist, das Kind auch alleine großzuziehen, die frohe Botschaft überbringt. Die notwendigen Eckdaten sind schnell festgelegt. Beide wollen sich nach der Geburt um das Kind kümmern, aber nicht in einem Haus wohnen. Ein Leben als bürgerliche Kleinfamilie ist für die Eigenbrötler undenkbar. Nach einer unkomplizierten Schwangerschaft wird Simon geboren, und Conny lernt völlig neue Seiten an sich kennen. »Dieses Kind lag auf meinem Bauch, und ich war überrollt von meinen Gefühlen.«

Conny reduziert ihr Leben auf das Wesentliche, ist viel zu Hause, meist mit sich und Simon allein, schläft, wenn das Baby schläft, kümmert sich um ihren Haushalt, werkelt in ihrem Garten und ist glücklich. Dem Vater überlässt sie ihren Sohn nur ungern. »Ich bin eine fürchterliche Glucke, ich konnte das Kind nie abgeben, konnte nicht locker lassen, wusste immer alles besser.« Fünf Jahre lang hält sie die Beziehung zu Simons Vater aufrecht. Dann taucht eine alte Liebe, ein Leuchtfeuer aus ihren Großstadtzeiten, wieder auf, und alles ist anders. Ihre alte Liebe will sie

»Ich wollte kein Kind, und er wollte auf keinen Fall ein Kind. Dann hatten wir ein ganz kurzes Gespräch, und seitdem werden wir Eltern.«

heiraten und mit ihr eine Familie gründen. Und Conny wird mit 42 Jahren ganz bewusst noch einmal schwanger. Was sie mit dem Vater ihres ersten Kindes auf keinen Fall erleben wollte, ist plötzlich ihr größter Wunsch, was alle anderen dazu sagen, ist ihr egal. »Mit diesem Mann wollte ich unbedingt eine Familie, das hat rückblickend gar nicht so viel mit ihm zu tun, dieses ›ich will Papa werden, und, oh ja, wir gründen eine Familie‹ hat mich blind gemacht. Der ›Vater-Mutter-Kind‹-Traum steckt offensichtlich in uns allen. Ich habe gemerkt, dass ich stark durch meine eigene Kindheit geprägt bin, die heile Welt, die ich selbst erlebt habe, wollte ich weitergeben.« Doch die Sehnsucht nach der heilen Welt zerbricht an alten Verhaltensmustern. Er will, aber kann nicht leisten, was eine Familie erforderlich machen würde, der Wunschpapa steht sich selbst im Weg, ist zu unzuverlässig, zu wankelmütig.

Tief enttäuscht, will Conny den Vater ihres zweiten Sohnes Karl nach dessen Geburt erst einmal nicht sehen. Sie fragt sich, wieso sie sich immer wieder dieselben Typen aussucht, warum es die Unkonventionellen, vermeintlich Starken und am Ende wenig emotionalen Männer sind, die sie faszinieren. Was werden sie ihren Söhnen später in der Pubertät für Vorbilder sein? Sind sie das, was ein Kind braucht? Welche Rolle übernehmen diese »Patchwork-Schokoladenväter«, die immer mal wieder auftauchen und ihre Kinder verwöhnen?

Dass die beiden Väter ihre Söhne regelmäßig sehen, dafür sorgt Conny. Simons Vater hat sich inzwischen ein kleines Holzhaus auf ihrem Grundstück gebaut, das er ein bis zwei Nächte die Woche nutzt. Er kümmert sich um sein Kind, aber auch um Karl, der ein enges Verhältnis zu ihm hat. Conny und Simons Vater sind mittlerweile das, was sie vor ihrer Trennung nie waren: gut befreundet. »Von ihm kommen Signale, ob wir nicht doch zusammenrücken wollen. Er würde gerne näher bei Simon sein. Ich tue es für meinen Sohn, will ihn aber nicht so nah und dauerhaft um mich haben. Ich brauche meine eigene Küche und mein eigenes Bad, wenn er nebenan wohnen würde, wäre das okay.«

Connys Alltag. Sie war schon früher gern alleine, und auch mit ihren beiden Kindern lebt sie sehr zurückgezogen. Einkaufen, kochen, die Wäsche, einmal die Woche geht sie zum Kinderturnen, ab und zu eine Verabredung der Jungs. Kein Fernseher, kein Computer. In ihrem Hexenhäuschen fließen die Tage ruhig dahin. Jedes Zuviel – zu viel Mensch, zu viel Programm – überfordert sie heute. Wie manche Mütter es schaffen, 20 Stunden pro Woche zu arbeiten und dazu noch in einem perfekt geordneten Haushalt zu leben, ist ihr schleierhaft. »Ich muss das Tempo drosseln, sonst würde ich durchdrehen. Ich ziehe mit meinen Kindern erst einmal ganz kleine Kreise, bevor ich sie ins Leben werfe, deshalb sind sie wahrscheinlich auch so entspannt.« Vor allem die Eltern nebenan sind eine feste Größe in Connys Mikrokosmos. Man sieht sich oft, aber nicht ständig, ihr Verhältnis ist bewundernswert harmonisch.

Conny mit dem roten zerzausten Schopf, dieser unbändigen Freude und diesem ansteckenden Lachen hat beschlossen, gut auf sich zu achten. Ihr wildes Leben mit häufigen Partys und nächtelangen Gelagen in Szene-WGs ist Vergangenheit. Was ihr fehlt, ist Kultur, ab und zu ins Theater, ins Konzert oder ins Kino gehen zu können. Doch Conny hat nicht das Gefühl, etwas aufgegeben zu haben. Sie genießt es, Mutter zu sein. »Dadurch hat sich mein ganzes Lebensgefühl verändert. Für mich war es immer in Ordnung zu sterben, wenn es an der Zeit ist. Heute beunruhigt mich das Thema. Ich möchte so lange wie möglich leben, allein schon um meinen Kindern zuzugucken. Außerdem komme ich immer stärker zu mir. Früher habe ich mich eher durchgemogelt, inzwischen muss ich mich meinen Kindern gegenüber klar positionieren. Als Alleinerziehende kann ich mich hinter niemandem verstecken.« Natürlich fehlt manchmal die Rückendeckung durch einen Partner, trotzdem fühlt sich Conny nicht alleine. Sie hat beobachtet, dass die meisten verheirateten Mütter, deren Ehemänner ständig arbeiten, auch auf sich gestellt sind.

»Wenn Druck von außen kommt, versuche ich mit dem Bauch zu entscheiden. Auf meine Intuition kann ich mich verlassen.«

Hätte Conny genug Geld, würde sie nur noch Mutter sein. Beruf und Karriere sind für sie unwichtig. Aber die Frau mit den geringen Ansprüchen lebt im Moment von Hartz IV. »Meine Eltern waren Landwirte und hatten auch wenig Geld. So etwas macht mir keine Angst, ich habe diese Situation nie als negativ empfunden, vor allem weil meine Eltern das selbstverständlich getragen haben. Wir wurden unglaublich geliebt, sie haben es geschafft, dass dieses Gefühl, in der Schule schlechter gekleidet zu sein als alle anderen, nicht schlimm war. Aber natürlich fiel es mir auf.«

Es ist dieses starke Selbstbewusstsein, das Conny durch ihr Leben trägt. Für sie sind viele Dinge, über die sich andere Menschen den Kopf zerbrechen, kein Thema. Auch dass sie die einzige Alleinerziehende unter lauter verheirateten Paaren in ihrer Gemeinde ist, beschäftigt sie nicht. Und so gehen die Dörfler ganz normal mit ihrer ungewöhnlichen Mitbewohnerin um – sie ist nicht mittendrin, aber auch nicht außen vor.

Ausgerechnet Daniela, die Kinder immer nervig fand, wird Mutter. Die große Frau, die es gewohnt ist, energisch durch ihr Leben zu schreiten, lernt das Glück der kleinen Schritte kennen.

DANIELA 44
Mutter, fertig, los

Sonntagvormittag in einem idyllischen Häuschen auf dem Land. Der Flur ist mit Jacken und Schuhen übersät. Fünf Teenager stürmen treppauf, treppab, telefonieren, sitzen am Computer, toben wie kleine Hunde, spielen Monopoly in ihren Zimmern. Mittendrin Daniela. Sie lacht viel, verteilt Kekse, holt frischen Apfelsaft, tröstet hier, bestärkt da, koordiniert den Nachmittag der pubertierenden Bande. Daniela genießt das Chaos, ist glücklich, dass aus ihrer »Singlemutter-Einzelkind«-Familie eine ziemlich turbulente Großfamilie geworden ist.

Mit Anfang 30 ist Daniela frisch geschieden, hat einen neuen Job und überhaupt keine Lust auf eine neue Beziehung. Doch dann lernt sie einen acht Jahre jüngeren Mann kennen und ist drei Monate später schwanger. Ausgerechnet sie, die Kindergeschrei nervig fand, die es nie gereizt hatte, Mutter zu werden. »Ich habe mich sehr schnell auf das Baby gefreut. Das Problem war, dass ich sofort ahnte: Der Mann ist es leider nicht. Nichtsdestotrotz: Ich will dieses Kind, und wir versuchen es jetzt gemeinsam.« Eine Entscheidung ohne Wenn und Aber, wie

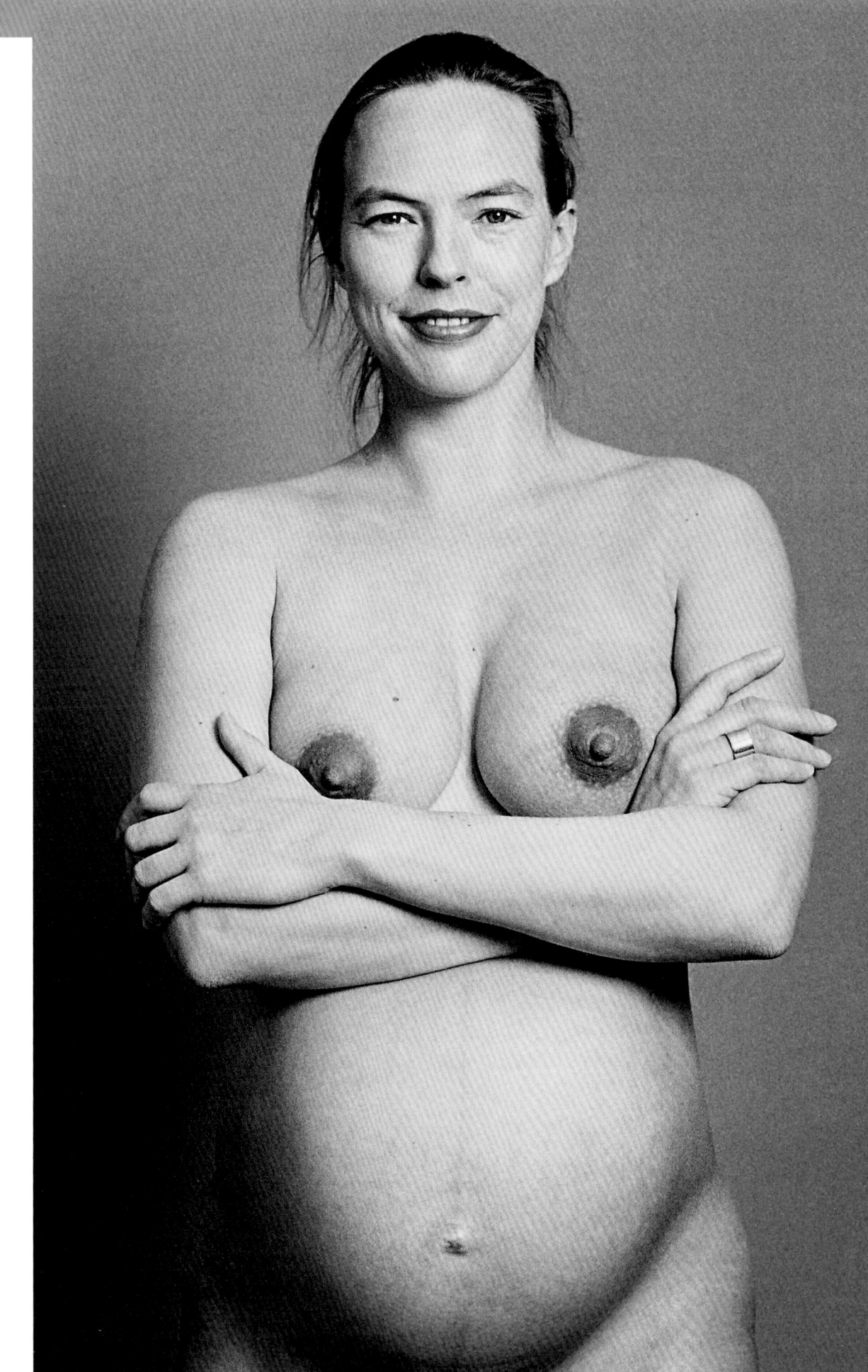

fast immer in Danielas Leben. Ihr Kind ohne Vater großzuziehen ist für sie, die selber das einzige Kind einer alleinerziehenden Mutter ist, undenkbar.

Daniela arbeitet als Werbeleiterin in einem großen Verlag, sie verdient genug Geld, um eine Familie zu ernähren, doch der werdende Vater sieht sich nicht in der Rolle des Hausmanns. Einerseits kann sich Daniela vorstellen, ihren 70-Stunden-Job für eine Weile gegen Mutterglück und Windelnwechseln zu tauschen, andererseits macht es ihr Angst, finanziell abhängig zu sein. Mit ihrer Schwangerschaft beschäftigt sie sich wenig. Bis kurz vor der Geburt geht sie jeden Tag ins Büro und balanciert noch mit riesigem Neun-Monats-Bauch auf dem Badewannenrand des neuen Häuschens, um die Decke zu streichen. Die jungen Eltern ziehen aus der zu klein gewordenen Wohnung an den Stadtrand.

»Diese Schwangerschaft war nicht geplant. Aber wir versuchen das jetzt, und ich freue mich total auf das Baby, obwohl Kinder eigentlich nie mein Thema waren.«

Kilian wird geboren. Und die über 1,80 Meter große Lady, die es gewohnt ist, energisch durchs Leben zu schreiten, muss plötzlich ganz kleine Schritte machen. Jeder Einkauf dauert Ewigkeiten, die Mahlzeiten finden kein Ende mehr. Kilian braucht seine Zeit, bleibt an jedem Blümchen stehen, schmiert stundenlang mit seinem Brei auf dem Tisch herum – und Daniela lernt, geduldiger zu sein. »Durch das Kind habe ich mich sehr verändert. Ich habe streckenweise etwas Weicheres gekriegt, was mir guttut. Mein gesamtes Leben hat neue Facetten bekommen. Die Verantwortung für so ein kleines Wesen zu tragen, ist eben etwas ganz anderes, als nur für sich selbst verantwortlich zu sein. Das empfinde ich als absoluten Gewinn.« Das Hausfrauenleben ist dagegen nichts für Daniela, schon gar kein Gewinn. Sie, die Musik liebt und noch als Jugendliche Geige spielte, beginnt Klavierunterricht zu nehmen und hin und wieder freiberuflich zu arbeiten.

Danielas Beziehung zu Kilians Vater entwickelt sich, die beiden planen weitere Kinder und beschließen sogar, gemeinsam zu arbeiten. Sein neu gegründetes Unternehmen nimmt Fahrt auf. Als ihr Sohn dreieinhalb ist, kaufen sie ein großes, komplett sanierungsbedürftiges Haus 20 Kilometer von der Stadt entfernt. Das bedeutet: Zum Kleinkind und einer Firma in den Kinderschuhen kommt jetzt noch eine riesige Baustelle. Stressige Zeiten für das ungleiche Paar. Sie, die sehr stark ist und zielstrebig Dinge verfolgt. Er, dem genau das schwerfällt, für den ihre Geradlinigkeit eine ständige Herausforderung ist. Sechs Wochen nach dem Einzug in das neue Haus kündigt er völlig überraschend die Beziehung, nimmt seine Taschen und zieht aus. Daniela sitzt mit ihrem kleinen Sohn zwischen Betonmischern und halb verlegten Abwasserrohren und ist das, was sie nie sein wollte: alleinerziehende Mutter eines Einzelkindes. Eine absolute Katastrophe für die Frau, die ihr Leben sonst immer im Griff hat und noch nie verlassen wurde. Fatal, dass Daniela auch ihre Festanstellung aufgegeben hatte, um in seiner Firma mitzuarbeiten. »Den Schock musste ich erst mal verarbeiten. Was mache ich jetzt? Bleibe ich in dem Haus? Gehe ich zurück in die Stadt? Die Frage war ja auch, ob ich das mit dieser Vollbaustelle alleine überhaupt schaffen würde.« Innerhalb von sechs Wochen gelingt ihr das eigentlich Unmögliche, sie findet einen Teilzeit-Job in einer kleinen Agentur und tut das, was sie immer getan hat, sie marschiert nach vorne. Daniela versucht ihrem verunsicherten Sohn den Halt zu geben, den er in seinem neuen Leben zwischen Papa und Mama braucht, und bemüht sich, mit ihrer Rolle als Solistin klarzukommen. Kilians Vater kümmert sich auch nach der Trennung liebevoll und zuverlässig um seinen Sohn. Um ihre Belange kümmert er sich nicht.

Fünf Jahre lang wohnen Daniela und Kilian in ihrem halb fertigen Haus. Ihr Leben ist eine Baustelle, die sich langsam, aber stetig entwickelt. Die Werbekauffrau arbeitet erst fest angestellt, dann freiberuflich, ihr Sohn ist zwei Nachmittage und jedes zweite Wochenende beim Vater. Die Kleinstfamilie findet ihren Rhythmus. Kilian ist all die Jahre der einzige Mann im Haus, einen anderen will Daniela nicht. Dann trifft sie auf einer Party Jan wieder. »Er war mein bester Freund. Wir kennen uns schon über 20 Jahre und waren mal enger, mal weniger eng befreundet. Bevor wir beide geheiratet haben, waren wir unzertrennlich. In der letzten Zeit hatten wir uns allerdings wenig gesehen, mir fehlte ein Stück seiner Geschichte.« Auch Jans langjährige Beziehung ist inzwischen gescheitert, seit ein paar Monaten wohnt er nicht mehr bei Frau und Kindern.

»Ich habe immer mein eigenes Geld verdient, jetzt habe ich das Gefühl, ich liefere mich aus und bin nicht mehr wirklich selbstbestimmt.«

»Er will auf keinen Fall Hausmann sein, obwohl ich mir das ganz gut vorstellen könnte und ich im Grunde auch besser verdiene.«

Jan und Daniela lassen ihre alte Freundschaft wieder aufleben, gehen regelmäßig essen, telefonieren – und verlieben sich. Daniela ist skeptisch, will die Freundschaft nicht durch unüberlegte Gefühlsduseleien aufs Spiel setzen. Und sie hat Angst, dass sich die Kinder nicht verstehen. »Kilian hatte Vorrang. Die Vorstellung, dass da Kinder aufeinandertreffen, die sich nicht mögen, hat mich sehr zurückhaltend gemacht. Erst als ich gesehen habe: Mensch, die verstehen sich richtig gut, habe ich mir gestattet hinzugucken, wie ich mich fühle.«

Von diesem Moment an geht es Schlag auf Schlag. Daniela kauft kurz entschlossen ein Haus mit Platz für die Patchworkfamilie. Sie ziehen in eine ländliche Gegend im Süden der Stadt. Für Daniela, die auch noch den Vertrag für einen neuen Job unterzeichnet hatte, ein Sprung ins kalte Wasser. »Es kam alles zusammen, der Hauskauf, der Verkauf meines Hauses, der Umzug, die neue Waldorfschule für Kilian und ein neuer Job. Trotz meiner schlechten Erfahrungen gab es bei mir keine Zurückhaltung. Ich habe mich entschieden, und los. Es gab und gibt keine Ängste.«

Finanziell will Daniela unabhängig bleiben. Sie bewirbt sich in einem Konzern und bekommt gleich die Stelle der Abteilungsleiterin angeboten. Ein Fulltime-Job, der eigentlich fünf Jahre zu früh kommt. Morgens um halb sechs verlässt sie das Haus, fährt 60 Kilometer zur Arbeit und kommt gegen 18.30 Uhr wieder. Ihren Sohn sieht Daniela nur noch am Abend und jedes zweite Wochenende, viel zu wenig für ihren Geschmack. Ein anstrengender Alltag, der enorme Kraft kostet. »Ich gehe schon sehr an meine Grenzen, aber inzwischen bin ich in der Lage zu sagen: ›Ich darf mir auch Dinge rausnehmen und es mir nett machen‹, das konnte ich früher nicht. Durch mein Kind habe ich eine Menge gelernt, auch besser auf mich aufzupassen.« Sollte Daniela das Gefühl haben, ihr Beruf koste sie zu viel Raum und Zeit, wird sie etwas verändern. Mutter und Sohn sind glücklich in ihrer fünfköpfigen Patchworkfamilie. Auch weil Kilian jetzt Geschwister hat. Als Einzelkind einer alleinerziehenden Mutter zu leben, kann auf Dauer ganz schön langweilig sein, das weiß Daniela aus eigener Erfahrung, und die wollte sie ihrem Sohn immer ersparen.

Joana ist alles andere als eine Träumerin, und wenn sie früher über ihr Leben nachdachte, stand fest: Zu jung wollte sie nicht Mutter werden, mit dem Vater ihres Kindes definitiv zusammenbleiben, und nach der Geburt würde sie mindestens zwei Jahre lang zu Hause bleiben. Von alldem hat irgendwie nicht viel geklappt...

JOANA 25, Medizinstudentin
Etwas, das bleibt

Joana ist 17, als sie sich zu einer Abtreibung überreden lässt. Eine Entscheidung, mit der die Schülerin kaum leben kann. Ein Jahr später ist sie wieder schwanger, wieder von ihrem 16 Jahre alten Freund und Klassenkameraden Jonathan. Doch diesmal bekommt sie entgegen aller Proteste das Kind. »Noch einmal abzutreiben hätte ich nicht ausgehalten. Ich habe auch über eine Adoption nachgedacht, mich dann aber sehr bewusst für das Kind entschieden«, sagt Joana. Ihre Schwangerschaft empfindet sie nicht als besonderen Kraftakt. Wie alle anderen geht die Elftklässlerin zur Schule und lebt ihren Schülerinnenalltag – bis kurz vor der Geburt. »Mich hat diese Situation nicht aus der Bahn geworfen, das ist nicht passiert, weil ich mir gesagt habe, das wird nicht passieren. In meinem Leben läuft letztlich immer alles irgendwie ganz gut.«

Im August, mitten in den Sommerferien, wird Lotta geboren. Joana verlässt das Haus ihres Vaters und zieht in eine WG für junge Mütter. Ihre Eltern unterstützen sie zwar weiterhin, sind aber der Meinung, dass die Schülerin besser

selbstständig für ihre Tochter sorgen sollte. Lotta ist ein einfaches Baby, schläft schnell durch und macht Joana den Umgang mit der neuen Situation relativ leicht. Nach den Herbstferien geht sie wieder zur Schule. Joana pumpt Milch ab, und Säugling Lotta wird mit vier Monaten den ganzen Tag in einer Krippe betreut. Für die sehr junge Mutter eine schwierige Situation. Auch weil sie ständig von einer 40 Jahre älteren Erzieherin kritisiert wird, die unterstellt, Joana könne sich nicht um ihr Kind kümmern. »Sie behauptete immer, Lotta wäre unterentwickelt, was völliger Quatsch war. Ich würde mein Kind nie wieder so früh in eine Kita stecken, aber ich war der Situation ausgeliefert, da ich ja unbedingt mein Abitur machen wollte. Für unsere Bindung war das extrem schwierig, ich musste mir lange bewusst machen, dass Lotta meine Tochter ist.«

In der Schule ist die Sache einfacher. Ihre Lehrer und auch die Mitschüler reagieren »echt cool« auf die Teenagermutter. Und da Joana eine exzellente Schülerin ist, der das Lernen leichtfällt, macht sie trotz durchwachter Nächte und Windelnwechseln ein exzellentes Abitur mit einem Notendurchschnitt, der ausreicht, um Medizin zu studieren – ihr großer Traum.

Heute lebt Joana in Göttingen. Sie ist Mutter, Hausfrau und Studentin. Ein ziemlicher Kraftakt, könnte man meinen, aber Strategin Joana empfindet das nicht so. Lotta ist ein offenes, unkompliziertes kleines Mädchen und hat es Joana in ihrer Doppelrolle immer leicht gemacht. Durch ihre Tochter fühlte sie sich nie eingeschränkt. Sie genießt die Zeit mit Lotta und liebt ihr Medizinstudium. Natürlich lebt Joana nicht wie all die anderen Studenten. Statt tagsüber zu lernen, sitzt sie oft bis tief in die Nacht über den Büchern, verzichtet auf Partys und ausgiebige Treffen in der Kneipe. Der Wunsch, Chirurgin zu werden, ist ihr Ansporn genug. »Medizin zu studieren macht riesigen Spaß. Es ist das, was ich immer, immer wollte. Eigentlich schon seit der achten Klasse.«

Die 25-Jährige ist eine Planerin, braucht Struktur in ihrem Alltag: »Ich muss meine Tage durchorganisieren, alles was spontan kommt, ist für mich eher schwierig.« Dass das Muttersein ständig mit unvorhersehbaren Fahrplanände-

»Das Kind zu behalten ist eine ganz bewusste Entscheidung, ich freue mich so darauf und wünsche mir, dass Jonathan und ich zusammenbleiben.«

rungen einhergeht, musste Joana erst lernen. Inzwischen kann sie Abstriche machen, das Chaos in ihrer Wohnung aushalten und akzeptieren, dass sie nicht ausschließlich Einsen schreiben muss. »Lotta ist eine gute Lehrerin, sie hilft mir, dieses ewig Perfektionistische abzulegen. Ich kann auch mal Fünfe gerade sein lassen, verrückt sein und muss nicht auf jeden super wirken.« Ihre Tochter gibt ihr Halt und Sicherheit, zeigt dem Scheidungskind Joana, dass es Bindungen und Beziehungen gibt, die nicht so einfach kaputtgehen. »Meine Eltern haben sich getrennt, meine Mutter ist weggezogen, ich hatte nie wirklich längere Freundschaften, da hilft mir Lotta sehr, bringt mir bei, zu vertrauen, mich zu öffnen. Durch sie bin ich erst zu mir gekommen.«

Auch die Trennung von Jonathan, dem Vater ihres Kindes – als Lotta zwei ist –, hat Joana schwer zu schaffen gemacht. »Ich habe lange an unserer Beziehung festgehalten. Ich wollte meine kleine, heile Welt und auf keinen Fall noch ein Scheidungskind produzieren.« Damit Lotta unter dieser Trennung nicht leidet

und regelmäßigen Kontakt zu ihrem Vater hat, bringt Joana ihre Tochter jedes zweite Wochenende nach Hamburg zu Jonathan – acht Stunden Zugfahrt inklusive. »Noch heute gehört er zu meiner Familie, er ist ein fester Bestandteil unseres Lebens. Ich wäre nie mit jemandem zusammen, der Jonathan nicht akzeptiert.« Der Vater ihrer Tochter fährt häufig mit ihnen in die Ferien, man sitzt zusammen unter dem Tannenbaum, und kein Geburtstag wird ohne Jonathan gefeiert.

Zu ihrem Bild von der »kleinen heilen Welt« gehört auch, dass Joana sehr bewusst mit Lotta umgeht. Sie beschäftigt sich genauso intensiv mit der Erziehung ihrer Tochter wie mit ihrem Studium und all den anderen Dingen, die ihr wichtig sind. Immer wieder überlegt sie, was gut für ihr Kind ist, wie sie am besten mit Lotta umgeht. Auch weil sie weiß, dass sie als »Teilzeitmutter« viele Stunden an der Uni verbringt, in denen sie ihrer Tochter nicht zur Verfügung steht. Während ihrer Schwangerschaft hätte Joana nicht gedacht, dass sie sich einmal so diszipliniert mit Erziehungsfragen auseinandersetzen würde. »Das läuft halt irgendwie mit einem Kind«, dachte sie damals.

»Ich wollte immer Mutter werden, aber eigentlich erst im Studium, nicht als Schülerin. Wenn das Baby da ist, will ich auf jeden Fall noch mein Abi machen.«

Inzwischen lebt die Studentin mit dem zehn Jahre älteren Tom zusammen. Eine neue Erfahrung, denn bisher waren all ihre Partner jünger als Joana. »Eigentlich flüchte ich relativ schnell aus Beziehungen, aber um diese habe ich immer wieder gekämpft, auch weil Lotta Tom so liebt. Endlich begreife ich, dass es überhaupt nichts bringt abzuhauen.« Tom, der demnächst seinen Facharzt in Orthopädie macht, ist ihre große Liebe. Der Mann, mit dem sie noch weitere Kinder bekommen möchte, am liebsten zwei und am allerliebsten bald. Auf jeden Fall, bevor Lotta in die Schule kommt und bevor Joana als Chirurgin in einer Klinik arbeitet – denn dann kann sie mindestens ein halbes Jahr lang zu Hause für ein Baby und ein Grundschulkind sorgen. Das ist für Strategin Joana die Bedingung für ein weiteres Kind, denn einen drei Monate alten Säugling will sie nie mehr in die Krippe geben müssen. Der Plan scheint zu klappen. Joana ist mittlerweile Mutter eines kleinen Sohnes.

Katinka und Leonie sind Schwestern. Sie leben in einer großen Familie mit viel Halt und Geborgenheit. Neben all der Einheit entsteht bei den beiden Künstlerinnen mehr und mehr der Wunsch, auch wieder eigene Wege zu gehen.

LEONIE + KATINKA

Künstlerin + Schauspielerin und Malerin

Niemals allein

Immer zu zweit. Gemeinsam aufwachsen, gemeinsam Mutter werden. Katinka und Leonie sind eingebunden in eine große Familie, die sie hält, die Sicherheit gibt, die auch eine Aufgabe ist. Sieben Kinder, die Ehemänner, die Mutter, Tante, die Onkel, Cousins, Cousinen, Großtanten...

In dem alten ochsenblutroten Haus mit dem riesigen Garten, in dem schon die Urgroßmutter und die Großmutter gemeinsam lebten, wohnen heute Leonies und Katinkas Mutter, Onkel und Tante. Hier trifft sich seit jeher der ganze Clan. Jeder Zentimeter atmet Geschichte. Das traditionelle Osterfeuer, im Sommer Äpfel ernten und zusammen am langen Holztisch essen. Kinder schaukeln im Baum, verspielen sonnendurchflutete Tage im Zaubergarten. Es sind die vielen Bilder und Erinnerungen, es ist diese Nähe, die Katinka und Leonie in ihrer Kindheit aufgesogen haben. Deshalb stand für die Schwestern nie infrage, dass sie selbst einmal Kinder haben würden. Die beiden sind Anfang 20, als sie nach Holland reisen, um den schwer kranken Vater, mit dem sie eng verbunden sind, bis zu

»Ich habe nicht lange hin- und herüberlegt, ob ich noch ein Kind bekomme oder nicht und ob mich das jetzt wieder zurückwirft. Das war nicht entscheidend. Der Wunsch, noch ein Kind zu bekommen, war größer.« LEONIE

seinem Lebensende zu pflegen. Einige Wochen nach seinem Tod ist Katinka zum ersten Mal schwanger. Leo wird geboren und mit ihm die große Liebe zu einem kleinen Kerl, der den Namen seines Großvaters trägt. Von Anfang an ist da dieses selbstverständliche intensive Gefühl für ein Kind, das man beschützen muss, das einen erfüllt. Eine intuitive Einheit. »Zu begreifen, dass der Vater gegangen ist, war schwer, neun Monate später meinen kleinen Sohn im Arm zu halten, war überwältigend, dafür gibt es wenig Worte. Ein Geschenk, das größte Glück, das ich bis dahin erfahren hatte.« Katinka, die in Den Haag Malerei und Bildhauerei studiert hat, beendet ihr Studium nach Leos Geburt in Hamburg. Als ihr Sohn zwei Jahre alt ist, beginnt sie eine Schauspielausbildung. Auf der Bühne stehen, nächtelang proben: »Sommernachtstraum«, »Emilia Galotti«, »Robby Kalle Paul«, sich ausprobieren, sich immer wieder neu erfinden. Ein großes Spiel. Wenn sie nicht da ist, kümmern sich ihre Mutter oder ihr Mann um Leo.

Leonie lebt zu dieser Zeit in London. Sie studiert Kunst, stellt ihre Werke aus. Foto-, Film- und Videoinstallationen, die unterschiedlichsten Medien, die ihren Gedanken Ausdruck verleihen. Zurück in Deutschland, nach fünf Jahren Ausland, wird sie schwanger. Bei Helenes Geburt ist Leonie Mitte 20. Die Geburt und das Wochenbett sind für sie eine einzigartige Erfahrung. »Da ist jeder Tag ein Neuanfang, wenn das winzige Wesen sich langsam entfaltet, entwickelt, ein Kind, mein Kind wird. Gleichzeitig bedeutet jeder Moment in dieser Phase auch einen kleinen Abschied von diesem allerersten, ursprünglichen Wesen.« Drei Jahre später kommt ihr Sohn Johann zur Welt. Leonie hatte sich nie vorgenommen, vier Kinder zu bekommen. Mutter von mehr als zwei Kindern zu sein, konnte sie sich früher eigentlich nicht vorstellen, aber nach jeder Geburt war ihr klar, dass dies nicht das letzte Baby sein würde.

Als Leo acht ist, wird Katinka wieder schwanger. »Unter anderen Umständen hätte ich sicher nicht so lange gewartet, aber ich brauchte erst einmal Zeit, den

Tod meines Vaters zu verarbeiten. Zeit für mich, um mich um meinen Beruf zu kümmern.« Drei Monate später ist auch Leonie schwanger – mit ihrem dritten Kind. Ihr Sohn Philip und Katinkas Sohn Josef werden geboren. Erneut eintauchen in die Welt dieser kleinen Geschöpfe. Da sein, dran sein, unruhige Nächte, ausgefüllte Tage. Katinka und Leonie sind sehr eng, sehr verwoben mit ihren Kindern. Sie handeln meist intuitiv, vieles geschieht instinktiv. Auch in ihrer Mutterrolle agieren und fühlen sie ähnlich. Dieses selbstverständliche Annehmen, das selbstverständliche Muttersein, die große Freude, dieses scheinbar ungetrübte »schiere Glück« haben mit ihrer Familiengeschichte zu tun. Die eigene Mutter ist sehr liebevoll, jedoch oft krank, weshalb die Schwestern in ihrer Kindheit immer wieder stark aufeinander angewiesen waren, einander Halt geben mussten. »Es gab wenig Raum für Eifersucht oder schwesterliche Konkurrenz, wir brauchten uns«, sagt Katinka.

Großer Zusammenhalt und viel Nähe bestimmen noch heute das Verhältnis von Katinka und Leonie. Telefoniert wird täglich, manchmal schon morgens um sieben Uhr. Oft findet man die eine bei der anderen, die Kinder sind hier wie dort zu Hause, die Türen immer offen. Und wenn die eine Schwester auf die Kinder der anderen aufpasst, herrscht absolutes Vertrauen. Auch ihre Ehemänner kümmern sich intensiv um die Kinder, holen sie vom Kindergarten ab, spielen, trösten, liegen mit fiebernden Säuglingen auf dem Sofa. In dieser Hinsicht sind sich ihre Männer ähnlich, sie sind beide sehr nah an ihren Kindern. Die Familie ist für Katinka und Leonie ein geschützter Raum. Ein Kokon, in den man sich zu-

»Auch wenn der Wunsch nach einem zweiten Kind immer da war, war es richtig, so lange gewartet zu haben, weil ich dadurch Zeit für mich und meinen Beruf hatte.« KATINKA

»Es ist schön und gleichzeitig unwirklich, wieder schwanger zu sein. Acht Jahre sind eine lange Zeit, ich freue mich sehr auf das kleine Wesen.« KATINKA

rückziehen kann. Doch bei all dieser Nähe, dieser Einheit, verliert sich manchmal der Blick auf das eigene Leben. Da ist die Malerei, das Theater, die Kunst. Und obwohl Katinka immer als Schauspielerin gearbeitet und Leonie ihre Arbeit im Atelier aufrechterhalten hat, sind die Kinder und ihre Bedürfnisse, diese selbstverständliche Bereitschaft, Mutter zu sein, sich zu kümmern, oft wichtiger, als zielstrebig den eigenen Weg zu gehen.

Die beiden Schwestern sind geprägt von den Frauen ihrer Familie. Der Urgroßmutter, die Pianistin war, der Großmutter, die als Bildhauerin arbeitete, der Mutter, die Malerin ist. Ihre Kunst, ihr kreatives Arbeiten, aber auch ihr intuitiver Umgang mit Kindern haben seit Generationen tiefe Spuren hinterlassen, wurden Katinka und Leonie in die Wiege gelegt. Ein Leben ohne Kreativität ist undenkbar. Tagebücher, Bilder, Zeichnungen oder Fotos – künstlerische Randnotizen, die neben dem oft anstrengenden Alltag mit Kleinkindern entstehen. Jetzt wo Katinka ihr drittes Kind, ihre Tochter Alma, und Leonie ihren Sohn Robert bekommen hat, nehmen die eigenen Gedanken wieder größeren Raum ein. Hinter dem behüteten Familienkosmos tauchen andere Welten auf. Es entsteht der Wunsch, wieder stärker den künstlerischen Bedürfnissen zu folgen, sich auszudrücken, an den eigenen Ideen zu arbeiten. »Es ist schön, wenn etwas davon nach draußen geht und dort Anerkennung findet, aber letztlich ist das nicht die Triebfeder, die kommt aus dem eigenen Bedürfnis zu schaffen«, sagt Leonie. Inzwischen nutzen die beiden jede freie Minute, um sie in ihrem gemeinsamen Atelier zu verbringen.

Zwei Frauen, die erwachsen geworden sind. Mütter, die souveräner sind, nachdem sie zum 70. Mal 40 Grad Fieber mit ihren Kindern durchgemacht haben, die versuchen, sich neben dem Familienalltag wieder stärker auf sich selbst zu konzentrieren. Schwestern, die neben der Einheit auch ein Gegenüber sein wollen: »Manchmal gibt es kleine Befreiungsschläge zwischen uns, die den Wunsch nach Ablösung demonstrieren, um dann aber wieder nah aneinander zu rücken. Ablösung ist ein Prozess, und wenn's gut läuft, geht er behutsam. Wir sind gerade mittendrin in diesem Prozess, auch im Leben mit unseren Kindern«, sagt Katinka.

Moritz kommt dramatisch schnell zur Welt. Kaum ist er geboren, nehmen ihn die Ärzte mit. Susanne und ihr Mann erfahren, dass ihr Kind behindert ist. Für beide steht sofort fest: Den kleinen Kerl beschützen wir.

SUSANNE 53
Erst du, dann ich

Wenn Moritz sein Ei pellen möchte, braucht er Hilfe. Sich ganz alleine abzutrocknen, fällt dem Zwölfjährigen schwer, selbstständig aus der Badewanne zu kommen, ist für ihn fast unmöglich. Es sind tausend Kleinigkeiten, die das Leben des zarten Jungen mit den langen lockigen Haaren beschwerlicher machen als das seiner gleichaltrigen Schulkameraden. Seine Kindheit ist geprägt von Krankengymnastik, immer wieder neuen Operationen, von so manchem Auf und Ab und der unerschütterlichen Liebe seiner Eltern, deren Leben sich seit der Geburt ihres Sohnes grundlegend verändert hat.

Als Susanne mit über 40 Jahren schwanger wird, ist sie überglücklich. Den Traum vom eigenen Kind hatte sie im Grunde aufgegeben, denn ihre Ärzte machten ihr nur noch wenig Hoffnung auf eine natürliche Schwangerschaft. Umso mehr freuen sich Susanne und ihr Partner über die überraschende Nachricht. Seit eineinhalb Jahren ist Susanne mit Jörg, dem Vater ihres Kindes, zusammen, der noch mitten im Volontariat steckt. Als Bildredakteurin verdient sie

»Aufgrund meines Alters ließ ich eine Fruchtwasseruntersuchung durchführen, die Gott sei Dank unauffällig war, denn ein Leben mit einem behinderten Kind kann ich mir nicht vorstellen.«

deutlich besser als er, und einen Alltag als Vollzeit-Hausfrau und Mutter kann sie sich nicht vorstellen. In der 16. Schwangerschaftswoche lässt Susanne eine Fruchtwasseruntersuchung vornehmen. Eine Zukunft mit einem möglicherweise behinderten Kind kommt für sie nicht in Frage. Das Ergebnis ist unauffällig. Auch die folgenden Ultraschallkontrollen ergeben keine Unregelmäßigkeiten. Eine ruhige Schwangerschaft. Bis kurz vor der Geburt arbeitet Susanne bei einem Familienmagazin. Für die Zeit danach entwickelt sie mit dem Chefredakteur ein Teilzeitmodell, denn nach einem Jahr Babypause plant die Fotoredakteurin, ins Berufsleben zurückzukehren.

Es ist ein kalter Novembertag, als Susanne mit starken Wehen in die Klinik fährt. Moritz kommt dramatisch schnell zur Welt. Eine schwere Sturzgeburt. Kaum ist er geboren, nehmen ihn die Ärzte mit. Kein Kommentar, keine Erklärung. Susanne und Jörg befürchten, dass irgendetwas mit ihrem Kind nicht in Ordnung ist. Nach einer Weile, die ihnen wie eine Ewigkeit erscheint, kommt die erschütternde Nachricht: Ihr Sohn wurde mit dem sehr seltenen, sogenannten FFU-Komplex geboren. Sein Arm ist nicht vollständig ausgebildet, seine Füße und Beine werden nie richtig wachsen. Als Susanne ihr Baby zum ersten Mal im Arm hält, gibt es keine Zweifel: »Den kleinen Kerl beschützen wir vor der bösen Welt. Jörg und ich hatten sofort dieses riesige Verantwortungsgefühl, ohne darüber gesprochen zu haben, das war gar keine Frage.«

Die Säuglingsmonate mit Moritz sind aufreibend. Er ist ein Schreikind, hat Probleme beim Trinken und fordert die ganze Aufmerksamkeit seiner Eltern. Die junge Mutter stößt an ihre Grenzen. Schon der Alltag mit einem gesunden Baby ist kräftezehrend, die Tage mit Moritz sind zusätzlich geprägt von dauernden Arztbesuchen, vielen Fragen und Unsicherheiten. Susanne und Jörg recherchieren auf eigene Faust, wie sie ihrem Sohn ermöglichen können, später einmal laufen zu lernen. Sechs Monate nach der Geburt wird Moritz an seinen Beinen operiert. Eine erste schmerzhafte Erfahrung für das Paar, das seinem Kind diese Tortur gerne erspart hätte.

Als Moritz ein Jahr alt wird, findet Susanne einen Kitaplatz für ihren Sohn und möchte, wie geplant, wieder zurück an ihren Schreibtisch. Sie sehnt sich nach der Normalität eines geregelten Arbeitsalltags. Doch die neue Chefredakteurin des Blattes, für das sie bis zur Geburt gearbeitet hatte, will Susanne nicht beschäftigen. Die mündlichen Vereinbarungen mit ihrem Vorgänger interessieren niemanden mehr. Nach nervenaufreibendem Hin und Her findet sich eine passende Teilzeitstelle bei einem anderen Objekt im Verlag. Susanne genießt es, wieder im Job zu sein.

Die Kraft und die innere Stärke ihres Sohnes, der trotz all der quälenden Operationen und Einschränkungen ein fröhliches Kind ist, haben Susanne verändert. »Ich hatte ein völlig falsches Bild von dem Leben mit einem behinderten Kind. Mir war es wichtig, was die Leute über mich denken, es war mir wichtig, zu gefallen. Moritz hat mir gezeigt, dass es nicht entscheidend ist, dass alles glattgeht, dass äußerlich immer alles gut wirkt. Jede auch noch so anstrengende Zeit

»Eigentlich wollte ich nie mit über 40 schwanger werden, aber die Wahrscheinlichkeit, dass ich überhaupt schwanger werden würde, war sehr gering, deshalb freue ich mich jetzt unendlich auf das Kind.«

mit ihm war es mir wert. Mit Moritz macht mein Leben einfach viel mehr Sinn, durch ihn bin ich gelassener geworden.« Trotzdem fällt es Susanne schwer, sich an das »Geglotze« fremder Menschen auf der Straße oder im Supermarkt zu gewöhnen. Ihre Fragen findet sie in Ordnung, aber ihre unverhohlenen Blicke verletzen sie. Verletzt hat sie auch, dass sich einige Freunde zurückgezogen haben, die, wie so viele Menschen, vermutlich nicht wussten, wie sie sich verhalten sollten, als sie hörten, dass Moritz behindert ist.

»Nach einem Jahr will ich wieder in die Redaktion zurück, ab dann habe ich mit meinem Chef ein Teilzeitmodell vereinbart. Ein Leben als ›NurHausfrau‹ kommt für mich nicht infrage, ich bin sicher, dass ich auch mit Kind weiter arbeiten werde.«

Immer wieder muss Moritz operiert werden. Eine Unterschenkelverlängerung ist mit fünf Jahren nötig, damit er nicht irgendwann im Rollstuhl sitzt. Fest verankerte Drahtgestelle um seine Beine und Schrauben in den Knochen, die alle vier Stunden nachgezogen werden müssen. »Folterinstrumente«, die während der monatelangen Prozeduren unendliche Schmerzen verursachen. Verzweifelte Eltern und ein traumatisiertes Kind, das diese Qualen nicht verstehen kann. »Moritz war so anhänglich, ich durfte seinen Raum nicht verlassen. Ich durfte nichts zu essen machen, ich konnte nicht mal kurz auf den Balkon gehen. Irgendwann kam einmal die Woche meine Schwester, damit ich wenigstens einen Großeinkauf für die Woche erledigen konnte. Sonst ging gar nichts.« Susanne wird krank, sie kann nicht mehr. Der latente Druck im Beruf, der Stress und die emotionale Belastung zu Hause sind einfach zu viel.

Ihr größter Halt ist ihr Partner, der sich von Anfang an mit viel Liebe und sehr intensiv um seinen Sohn kümmert. Er steht nachts auf, wenn Moritz Albträume hat, oder versorgt seine Wunden, wenn Susanne das Leiden des Jungen nicht mehr aushalten kann. Moritz hängt sehr an seinem Vater. So manche Beziehung wäre an all den Sorgen, durchwachten Nächten und Ausnahmesituationen

zerbrochen, die Partnerschaft der beiden ist seit der Geburt von Moritz gewachsen. Für Susanne ist Jörg der Stärkere, der Geduldigere, der neben seinem Beruf auch noch die Kraft und die Ruhe aufbringt, auf die Bedürfnisse seines Sohnes einzugehen.

Nach vier Jahren aufreibendem Spagat zwischen Kind und Beruf wird das Magazin, bei dem Susanne arbeitet, eingestellt. Für eine Teilzeitmutter mit behindertem Kind gibt es keine neue Planstelle im Verlag, das passt nicht ins Konzept, man sei ja schließlich keine »Sozialstation«, bekommt sie unter anderem zu hören. Ein weiterer Schlag für Susanne. Die Frau, die lange um ihren Beruf gekämpft hat, gibt auf. »Erst war das ganz gut, ich dachte, jetzt komme ich runter und habe nicht mehr zwei stressige Baustellen. Aber plötzlich hat man keine Kollegen mehr, keinen Austausch. Auf einmal bin ich das, was ich nie sein wollte, ich bin ein Hausmütterchen. Aber ich merke selber, dass ich mich ständig degradiere.« Der Gedanke, dass jemand den Eindruck haben könnte, sie säße nur zu Hause und sei die »gluckige« Mutter eines behinderten Kindes, ist für Susanne unerträglich. Die ehemalige Fotoredakteurin sucht sich kleinere Jobs und arbeitet mal im Naturkostladen, an einer Hotelrezeption oder als Tagesmutter. Sie braucht die Abwechslung – und auch das Geld.

Im tiefsten Inneren weiß sie jedoch, wie sehr Moritz ihre Unterstützung benötigt, dass es nicht völlig sinnlos war, den stressigen Redaktionsjob zu verlieren. Ihr Sohn ist zwar einerseits ganz stark, aber andererseits auch sehr schwach. Am liebsten ist Moritz zu Hause, er will nicht bei fremden Menschen essen, geschweige denn woanders übernachten. Mit anderen Kindern kann er nicht viel anfangen. Freunde sind nicht so wichtig. Die Schule hasst er, obwohl er ein sehr guter Schüler ist. Zu Geburtstagseinladungen geht er, wenn überhaupt, nur, um seine Eltern nicht zu enttäuschen. Natürlich hat dieser Rückzug auf die vertraute Insel auch mit seiner Behinderung, mit den häufigen Operatio-

»Ich selber war immer ein extrem ängstliches Kind. Moritz würde ich das gerne ersparen. Man nimmt sich vieles und beschneidet sich so sehr, deshalb versuche ich ihn ein bisschen zu schubsen.«

»Mir ist es sehr wichtig, dass mein Partner und ich das Kind gemeinsam großziehen. Ich möchte auf gar keinen Fall alleinerziehend sein, ich sehe bei meinen beiden Schwestern, wie hart das ist, so etwas möchte ich nicht erleben.«

nen zu tun. Vielleicht mit der Angst, nicht mithalten zu können, Außenseiter zu sein, wenn die anderen Fußball spielen oder Skateboardfahren gehen.

Aber Susanne ahnt, dass er in vielen Facetten seines Verhaltens der »kleinen Susanne« ähnlich ist. Sie wollte als Kind auch nie, wie ihre sieben Geschwister, zu den Großeltern fahren, sondern blieb lieber alleine zu Hause. Als Susanne in die Pubertät kam, war es vorbei mit dem braven, kleinen Mädchen, das immer alleine bei seinen Eltern saß. Sie probierte sich aus und war nur noch mit anderen Jugendlichen unterwegs. In zwei Jahren wird Moritz 15 Jahre alt, dann bricht vielleicht auch sein »Mutter-Vater-Kind«-Nest auf. Und ob sich Susanne unendliche Gedanken um ihn macht oder nicht, Moritz wird seinen Weg gehen, da ist sie sich inzwischen ganz sicher.

Die Designerin freut sich darauf, Mutter zu werden, möchte ihr Modeunternehmen aber auf keinen Fall aufgeben. Ein Leben zwischen Kollektionspräsentationen und Familienzeit.

KATHARINA 50, Designerin
Parallelwelten

Die eine liebt es, mit Gummistiefeln über den Acker zu stapfen, in der Erde zu wühlen, zu pflanzen, zu hämmern und mit ihren Jungs Werkzeugkisten zu bauen. Die andere atmet die Großstadt. Sie sitzt in kleinen Cafés, beobachtet das Treiben der Menschen, lässt sich inspirieren und zeichnet – Wickelkleider, glänzende Blusen, schmale Hosen, fließende Röcke. Entwürfe, ihre Kollektion, die sie Kunden in New York, Berlin oder Amsterdam präsentieren wird. Zwei Wesen, eine Frau: Katharina. Modedesignerin und Familienmensch. Unternehmerin und Mutter.

Mit Mitte 30 wird Katharina zum ersten Mal schwanger. Sie freut sich darauf, Mutter zu werden, möchte aber ihr Modeunternehmen, ihr Atelier, ihre Mitarbeiter, die weltweiten Modemessen auf keinen Fall aufgeben. Die Designerin mit den kurzen, dunklen Haaren zweifelt nicht daran, dass ein ausgeglichenes Leben mit Kind und Beruf möglich ist. Bis kurz vor der Geburt ihres Sohnes Lenard fährt sie jeden Tag in die Firma, und schon eine Woche später sitzt sie mit dem Neugeborenen wieder am Schreibtisch. »Ich habe natürlich nicht so viel geschafft

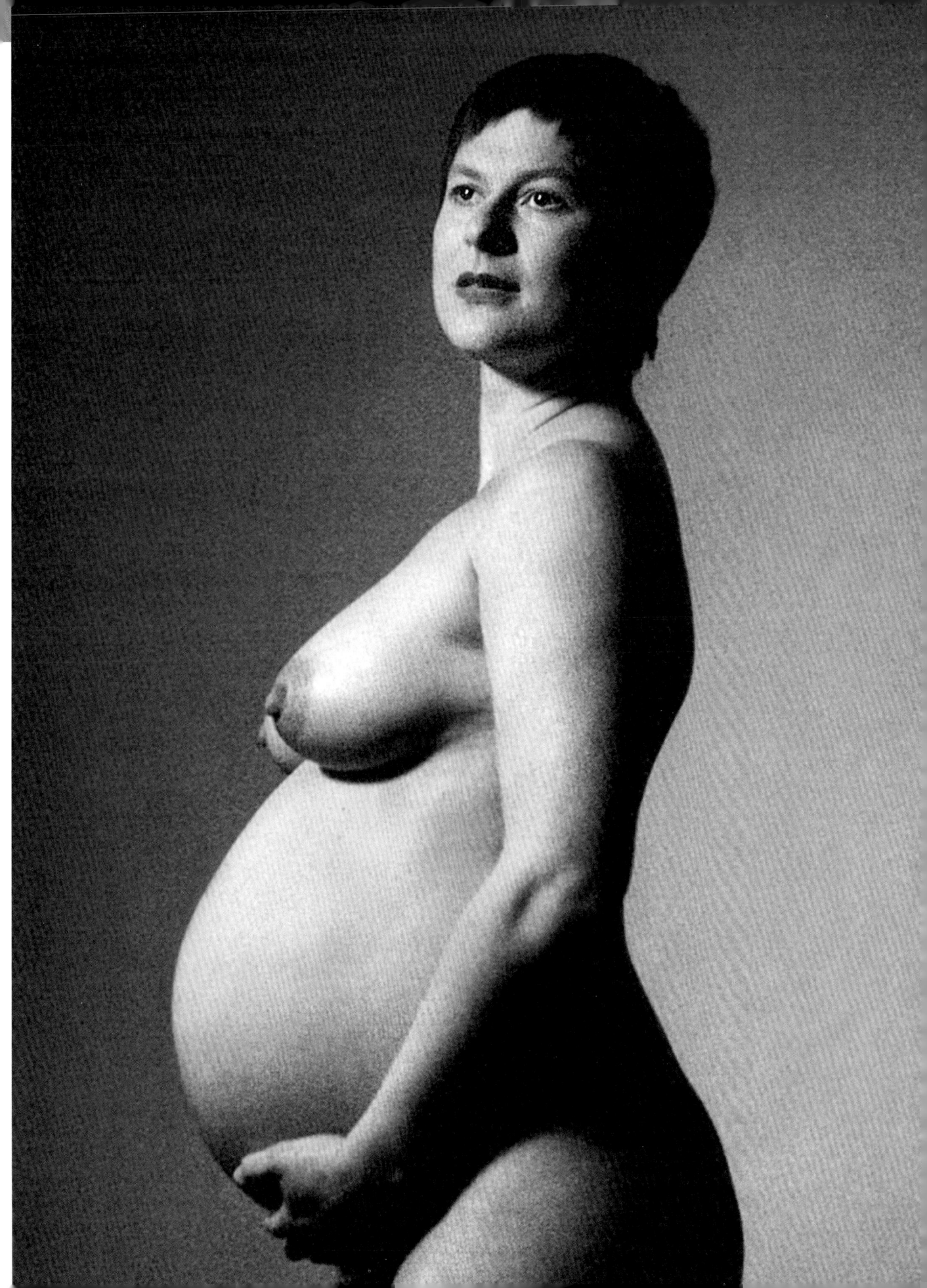

wie sonst, aber ich war da. Lenny hatte sein eigenes Bettchen, er war rund um die Uhr dabei. Hier im Atelier sind wir ein echter Frauenhaufen, und irgendwer hat sich immer gekümmert. Jeder ist mal mit dem Kinderwagen um den Block gefahren. Das war überhaupt kein Problem.«

Katharinas Mitarbeiterinnen halten ihr von Anfang an den Rücken frei. Sie schicken die Chefin auch schon mal nach Hause, damit sie sich um ihren Sohn kümmern kann. Und diese vertraut ihren Angestellten. Sie hat keine Probleme damit, Verantwortung abzugeben. Das ist eines ihrer Erfolgsgeheimnisse. Als Lenny eineinhalb Jahre alt ist, heißt es für Katharina: umdenken. Sie kann den kleinen Wirbelwind nicht mehr mitnehmen und engagiert eine Tagesmutter. Von da an wird er vier Tage die Woche betreut, an den Freitagen arbeitet Katharina nicht. Um sich als selbstständige Unternehmerin den Luxus leisten zu können, jeden Tag um 15 Uhr alles stehen und liegen zu lassen, beschäftigt sie eine persönliche Designassistentin.

Drei Jahre nach ihrem ersten Kind wird Viktor geboren. Am Kinder- und Arbeitsrhythmus ändert das nichts. Katharina merkt nur, dass sie durch ihre beiden Jungs konsequenter geworden ist und klarer in ihren Entscheidungen. In ihrem straff getakteten Alltag muss sie Prioritäten setzen und vor allem entspannt bleiben – selbst wenn mal ein Kunde etwas warten muss. An erster Stelle kommen die Kinder. Doch in kreativen Berufen ist es oft schwierig, nach festem Zeitplan zu arbeiten, wer garantiert, dass einem der ultimative Rockbund zwischen 9 und 15 Uhr einfällt? Das erfordert starke Nerven. Oder mal eine Überstunde. »Der Beruf ist meine Leidenschaft, ich habe tolle Leute um mich herum, und insofern kann ich mit diesen Situationen ganz gut umgehen. Natürlich ist das stressig, aber man wächst rein. Es sind ja kleine Schritte, mit denen ein Unternehmen wächst, und auch mit Kindern entwickelt man eine größere Routine.«

Katharinas Geheimnis Nummer zwei: die strikte Trennung von Job und Privatleben. Wenn sie die Haustür hinter sich zuzieht, ist das Atelier vergessen. Dann ist ausschließlich Familienzeit. Arbeitsfreie Zone. Das Wochenendhaus auf dem Land, der große Garten, lange Spaziergänge mit ihrem Mann und den Kindern:

»Wäre mein Mann nicht gewesen, wäre ich wahrscheinlich noch nicht schwanger. Irgendeine Messe kommt immer dazwischen.«

»Ich will das Baby erst einmal mit ins Atelier nehmen. Dann sehen wir weiter. Natürlich möchte ich auch eine gute Mutter sein, deshalb werde ich versuchen, vor allem vormittags zu arbeiten.«

Es ist ihr wichtig, etwas mit ihren Jungs zu unternehmen. Und weil nicht für alles Zeit ist, nimmt sie Abstriche in Kauf. Sie verzichtet auf einen perfekten Haushalt, hat nicht jeden zweiten Tag Gäste, geht nicht zum Sport und trifft sich selten mit Freunden. Bis Lenny zehn Jahre alt ist, kümmert sich in ganz traditioneller Rollenaufteilung vor allem Katharina um ihre Söhne. »Anfangs mit den kleinen Kindern war ich in der Aufbauphase, und es war klar, dass ich das hinkriegen musste. Mein Mann hat mich zwar unterstützt, aber beruflich wäre er nicht kürzergetreten. Unter dem Strich war unser Modell sehr klassisch.«

Dann steigt ihr 16 Jahre älterer Mann frühzeitig aus seinem Job aus, übernimmt den Haushalt und die Betreuung von Lenny und Viktor. Von da an arbeitet Katharina wieder ganztags, genießt den Rollentausch und ihren neuen Alltag als Fulltime-Businessfrau, während ihr Mann relativ schnell am klassischen »Hausfrauenblues« leidet. Die oft nervige Hausaufgabenbetreuung, die schlechte Laune pubertierender Jugendlicher. Der monotone Haushalt. Ihm fehlen der Beruf und die Kollegen. Ihr Mann hatte sich auf seine neue Freiheit gefreut und die Routine, die das Leben mit Kindern verlangt, dabei unterschätzt. Die Rolle des »arbeitenden Gatten«, des Feierabendschlichters, ist Katharina zugefallen. Inzwischen laden ihre drei Männer eine Menge Frust und Ärger, der sich den Tag über angestaut hat, abends bei ihr ab. Katharina, die eher als ihr Mann mal Fünfe gerade sein lässt, kommt damit zurecht. »Ich bin relativ gelassen, deshalb geht das mit den Kindern und dem Job so gut. Ich denke nicht sehr konventionell, bin ziemlich angstfrei und kann mich schnell auf neue Situationen einstellen. Vor allem vertraue ich darauf, dass es immer einen anderen Weg gibt. In meiner Kindheit war andauernd alles anders, das hat mir Selbstbewusstsein gegeben. Ich habe schon sehr früh über den Tellerrand hinausgeblickt.«

Tatsächlich ist Katharina unkonventionell aufgewachsen. Eine Art Zigeunerleben. So gut wie jedes Weihnachtsfest wurde in einer anderen Stadt gefeiert, ihre Eltern zogen ständig um. Drei Jahre verbrachten sie in Südamerika, dann reiste die vierköpfige Familie ein halbes Jahr lang im VW-Bus von Brasilien nach Kanada. Mitten in den Anden feierte Katharina ihren 14. Geburtstag, ihre Schwester war damals elf. Im rollenden Zuhause musste jeder Handgriff sitzen, jeder hatte seine Pflichten. Nur zur Schule gingen die Mädchen in dieser Zeit nicht. Die Eltern waren der Meinung, dass sie auf ihrer Tour mehr fürs Leben lernen würden, als das jemals in einem geregelten Schulalltag möglich wäre. Katharinas Vater war ein »unglaublich lässiger 70er-Jahre-Turnschuhvater«, dessen Mut, ungewöhnliche Wege zu gehen, sie bewundert. Sie hat das Globetrotter-Leben genossen und bedauert ein bisschen, ihren Kindern diese Erfahrungen nicht bieten zu können.

Für Katharina sind heute ihre beiden unterschiedlichen Leben das Abenteuer. Die Designerin empfindet es als Luxus, dass sie mit großer Leidenschaft ein Modeunternehmen führt und – anders als die meisten ihrer Kollegen – gleichzeitig Mutter sein kann. Dass sie auf internationalen Messen genauso zu Hause ist wie in ihrem Gemüsebeet. Die große Freiheit ist für Katharina im Moment ein kleines Ritual. Seit zehn Jahren geht sie jeden Morgen vor ihrem Arbeitstag in ein altes italienisches Café, um ganz alleine einen Espresso zu trinken und Zeitung zu lesen. Eine Stunde exklusiv für sie. Großstadt atmen.

»Mein Beruf ist meine Leidenschaft, ich möchte und muss auf jeden Fall gleich weiterarbeiten. Ich bin mein eigener Chef, das macht sicher einiges einfacher.«

Drei Kinder aus drei gescheiterten Beziehungen und keine Zeit, erwachsen zu werden. Illustratorin Mila ist froh, dass sie ihre eigene Biografie nie aufgegeben hat.

MILA Illustratorin
Pippi Langstrumpf ist überall

Eine kleine Wohnung in einem Backsteinmietshaus im Hamburger Osten. Hier sieht es aus wie bei Pippi Langstrumpf. Kommoden mit bunten Troddeln an den Griffen, Spiegel, Plüschkissen, bonbonfarbene Stühle, zottelige Felle, dazwischen Kinderspielzeug. Keine Ecke ungenutzt. An den Wänden hängen selbstgemalte Bilder und Illustrationen: Märchenwelten, pastellige Feen auf Sonnenblumen, tanzende Mädchen unterm Regenbogen. Milas Reich, ihr Arbeitsplatz, ihr Zuhause, ein fröhlich-chaotischer Ort, an dem sie den größten Teil des Tages verbringt. »Mein Freund behauptet, ich wäre einer der glücklichsten Menschen, die er kennt. Dabei bin ich eigentlich gar nicht sooo glücklich, aber ich versuche alles mit einer dicken Prise Humor zu nehmen – sonst kannst du dir als Alleinerziehende oft nur die Kugel geben.«

Mila hat drei Kinder aus drei gescheiterten Beziehungen. Kinder, die sie in völlig unterschiedlichen Phasen ihres Lebens bekommen hat. Als ihre Tochter Dominique geboren wurde, war sie noch in der Schule. Über zehn Jahre später bekam sie Marvin, ihren Sohn Moses nach weiteren sieben Jahren. Im Grunde ist

»Bei meinem ersten Sohn hatte ich immer das Gefühl, ich müsste etwas gutmachen, das habe ich bei dieser Schwanger-schaft nicht mehr, ich bin viel entspannter.«

sie schon ihr Leben lang Mutter. Zeit selbst erwachsen zu werden, hatte Mila, die immer noch wie ein Hippie-Mädchen wirkt, eigentlich nie. »Auf dem Flohmarkt sagte mal eine Frau zu mir: ›Na, Sie haben aber nicht viel von Ihrer Jugend ge-habt‹, da schossen mir die Tränen in die Augen und ich dachte, irgendwie hat sie ja recht, dieses total Unbeschwerte war bei mir schon ganz früh vorbei.«

Auf ein unbeschwertes Dasein freut sich Mila, als sie zum dritten Mal schwanger wird. Ihr Leben scheint geregelt: Ein Wunschkind! Eine komplette Fami-lie! Dazu ein Mann, mit dem sie sich gemeinsam um das Kind kümmern möchte. Eine berufliche Situation, die ein Baby möglich macht. In einem Alter, in dem man schon viele Erfahrungen gesammelt hat und sich nicht mehr so viele Fragen stellt.

Bei ihrer ersten Schwangerschaft ist sie blutjung, Schülerin und vom Vater des Kindes getrennt. Freunde und Familie drängen sie zur Abtreibung. Als sie schließlich auf dem Ultraschallbild dieses klopfende Herzchen sieht, steht ihre Entscheidung fest: Ich werde Mutter. Ein unglaublicher Kraftakt für die junge Frau. Trotz allem absolvierte sie eine Lehre als Raumausstatterin, studiert Mode-design und verwirklicht ihren Traum von der eigenen Firma, von der eigenen Kol-lektion. Oft arbeitet sie bis zum Umfallen. Die kleine Dominique wird meist von der Großmutter betreut. Heute hat Mila das Gefühl, ihrer Erstgeborenen häufig nicht gerecht geworden zu sein.

Bei ihrem zweiten Kind will Mila alles richtig machen. Sie verkauft ihre Firma und konzentriert sich voll und ganz auf ihren Sohn. Ein mutiger Schritt. »Ich wollte nicht mehr nur die toughe Studentin oder Karrierefrau sein, ich hatte so viel gearbeitet, fühlte mich irgendwie ausgebrannt und gesättigt.« Mila ist in dieser Phase vor allem Mutter und Hausfrau – ein ganz anderes Leben, das sie bald frustriert. Auch Marvins Vater, mit dem sie seit sieben Jahren zusammen ist, vermisst die erfolgreiche, fröhliche Modedesignerin an seiner Seite. Die Beziehung zerbricht, als Marvin ein Jahr alt wird. Mit einem Schlag ist Mila wieder alleinerziehende Mutter – diesmal von zwei Kindern. Mila, die sonst so optimistisch ist, die so viel Kraft hat, verzweifelt. Und sucht nach neuen beruflichen Perspektiven. Als Marvin vier wird, beginnt Mila eine Ausbildung zur Multimedia-Designerin. Acht Stunden jeden Tag, ein Jahr lang. Ganz schön hart, auch für ihren Sohn, ihr Sorgenkind, das von Geburt an ständig krank ist. Aber Mila kämpft sich durch. Heute arbeitet sie als Illustratorin – und liebt ihren Beruf.

Die Unbeschwertheit, auf die sie bei ihrem dritten Kind so sehr hofft, bekommt schon während der Schwangerschaft Risse. Ihr Bild vom perfekten Vater, dem Mann an ihrer Seite, bröckelt. »Er war plötzlich ständig unterwegs, besuchte einen Kurs nach dem anderen, um seine Therapeutenausbildung zu machen. Ich musste unseren Lebensunterhalt mehr oder weniger allein bestreiten. Moses' Vater hat mich komplett sitzen lassen.« Die Familienidylle scheitert, bevor sie richtig angefangen hat. Mila hat sich zwar nie nach dem klassischen »Vater verdient, Mutter bleibt zu Hause«-Modell gesehnt, aber immer wieder komplett für alles alleine, und ab jetzt für drei Kinder, verantwortlich zu sein, damit hatte sie nicht gerechnet.

Mila kann ihre Kinder als freie Illustratorin weitestgehend allein ernähren. Um ihr Pensum zu schaffen, muss sie sehr diszipliniert sein. Doch ihre Illustrationen sind ihr Ausgleich. Wenn sie zeichnet, träumt sie sich weit weg, in Elfenschlösser und Feenwelten, dahin wo ihr stressiger Alltag keinen Platz hat. Mila arbeitet zu Hause, in ihrem kleinen Reich, in dem sie schon seit über 15 Jahren lebt. Ihr Arbeitsplatz ist der Küchentisch, das Zentrum der Drei-Zimmer-Wohnung.

»Mein Freund und ich wollen dieses Kind unbedingt, wir haben ziemlich darauf hingearbeitet. Ein echtes Wunschkind.«

Kollegen sieht sie selten, sie ist gerne alleine. Häufig sitzen ihre Kinder nachmittags bei ihr am Tisch, und manchmal hilft Dominique bei den Illustrationen.

Der große Familientraum ist nach drei gescheiterten Beziehungen ausgeträumt. Der Kontakt zu den Vätern bleibt. Es müssen Wochenendtermine und Schulfragen besprochen oder Unterhaltszahlungen geklärt werden. Das klappt mit dem einen Vater, mit dem sie inzwischen befreundet ist, sehr gut und mit dem anderen so gut wie gar nicht. Der Traum von der großen Liebe existiert aber immer noch. Mila ist glücklich, dass ihr neuer Freund, der wie all ihre anderen Männer jünger ist als sie, sich zur Abwechslung auch um sie kümmert. Ein Zustand, den Mila in ihren bisherigen Beziehungen meist vermisst, wahrscheinlich auch nie zugelassen hat. Verantwortung zu übernehmen ist sie gewohnt, seitdem sie denken kann. »Früher musste ich immer alles selbst machen, war unfähig, Hilfe anzunehmen. Im Laufe der Jahre habe ich gelernt, besser auf mich aufzupassen, auch mal ›Es geht nicht!‹ zu sagen. Durch die Kinder bin ich geerdet und in vielen Dingen entspannter geworden.«

Ihre Kinder sind ihr Zentrum, ihr Zuhause, an weiteren Mitbewohnern hat Mila im Moment kein Interesse. Zum einen ist sie froh, dass sie nicht auch noch die Wäsche ihres Freundes waschen muss, und zum anderen findet sie es problematisch, dass schon jetzt häufig nicht genug Zeit für den Einzelnen bleibt. Die muss sie sich mühsam freikämpfen und genießt deshalb die langen, abendlichen Vorlese-, Kuschel- und Gesprächsrituale mit ihren Söhnen. Auch die regelmäßigen Besuche und Telefonate mit Dominique sind Mila heilig. Dominique spielte schon mit elf Jahren jede Sekunde Gitarre und ist heute Musikerin. Ihre Mutter, die selbst früher eine Band hatte, ist ihre größte Kritikerin. »Wir telefonieren häufig und sehen uns bestimmt zweimal die Woche, das ist total schön.«

Mila strahlt. Im Grunde ist sie froh über ihr Leben. Auf so manchen Stress könnte sie natürlich verzichten, aber sie ist überzeugt, dass es vor allem ihr Humor ist, der ihr immer wieder über die größten Klippen hilft. Entscheidend für sie ist jedoch, dass sie ihre eigene Biografie nicht aufgegeben hat. »Ich habe letztlich immer die Sachen gemacht, die für mich wichtig waren, das tun viele Mütter nicht, und das ist oft ein riesiges Problem.«

»Wir wollen uns die Betreuung teilen, mein Freund kommt super mit den Kindern zurecht.«

Eine Künstlerin, ein Unternehmer und eine Schwangerschaft. Ein Traum, der nicht funktioniert. Isabella liebt ihre Tochter, aber ohne die Kunst kann sie nicht leben.

ISABELLA 42, Künstlerin
Stählerne Urgewalt

Stahl ist für sie wie eine Urgewalt, pure Energie. Man spüre die Hitze, diese unglaubliche Macht des flüssigen Metalls. Schon mit 16 hat Isabella geschmiedet, seither lässt sie dieser Stoff nicht mehr los. Die Künstlerin arbeitet mit Stahl und Feuer, schmilzt das Metall, verbindet es mit Blattgold, gibt ihm immer wieder andere Formen. »Das ist die pure Weiblichkeit, denn Stahl reagiert zuweilen wie eine schwangere Frau, man weiß einfach nie, was er als Nächstes macht.« Seit über 20 Jahren schmiedet und schweißt sie tonnenschwere Skulpturen – aber erst durch die Geburt ihrer Tochter ist ihr klar geworden, dass ein Leben ohne Stahl und ohne Kunst für sie unerträglich ist.

Eine Amour fou. Isabella ist Ende 30, als sie sich in den Mann verliebt, der ganz anders ist als sie. Sie, die verrückte Künstlerin, er, der gut situierte Unternehmer. Zwei Planeten, die umeinander kreisen, aber nicht zueinander passen. Trotzdem schwer verliebt, ein Heiratsantrag. Isabella wird schwanger. Sie kann ihr Glück kaum fassen. Einen Tag lang, bis sie ihm die frohe Botschaft überbringt.

Binnen Sekunden zerschmettert die Zukunft. Er ist komplett überfordert, will weder die Frau noch das Kind. Es ist ein Gespräch, das sie ihr Leben lang nicht vergessen wird.

»Für mich war das unfassbar. Dass die Beziehung nicht einfach war, hatte ich schon gemerkt, aber ich habe das alles überhaupt nicht begriffen. Wenn man schwanger ist, ist man gefühlsmäßig und seelisch ganz woanders. Ich hatte nur noch panische Angst, dass mich die Situation so stresst, dass ich mein Kind verliere.« Ihr Kind abzutreiben, darüber hat Isabella keine Sekunde nachgedacht.

Die kämpferische Frau mit der wilden Mähne, die es gewohnt ist, ihren eigenen Weg zu gehen, bricht den Kontakt zum Vater des Kindes ab. Sie will keinen Stress, will ihr Kind nicht verlieren. Ihre Schwangerschaft wird zu einer surrealen Erfahrung, einem Hinundherpendeln zwischen den Gefühlen. Einerseits: das totale, unendliche Glück einer problemlosen Schwangerschaft, der riesige Bauch, der Wunsch, dass dieser Zustand nicht aufhören möge. Und daneben: große Empfindsamkeit, die Haut wird dünner und die Angst größer – wie schaffe ich das alles? Was wird aus meiner Kunst? Warum muss mein Kind ohne Vater groß werden, wo ich selbst auch ohne Vater aufgewachsen bin?

»Im Moment gehe ich sooft es geht zum Ultraschall. Dieses ›Rendezvous‹ mit meinem Kind ist jedes Mal eine große Freude.«

Irgendwann holt Isabella die Realität ein. Sie hat Schulden und keine Möglichkeit, ihren Beruf, ihre Kunst, auszuüben. Als Stahlbildhauerin kann sie nicht hochschwanger mit schwerem Stahl, Feuer und Acetylenbrenner arbeiten. Ein furchtbarer Zustand für die Selfmadefrau, die das erste Mal in ihrem Leben hilflos und von anderen abhängig ist. Am Ende der Schwangerschaft, als sie sicher sein kann, ihr Kind nicht mehr zu verlieren, trifft sie den Vater wieder. Sie vereinbaren die Modalitäten für die Zukunft: Einen Kontakt des Vaters zu seinem Kind wird es wohl nicht geben, finanzielle Unterstützung schon.

Die erste Zeit nach der Geburt ihrer Tochter Anaïs lebt Isabella wie bisher in Köln. Sie ist beschäftigt mit Hund und Kind und mit dem Versuch, irgendwie ihre Arbeiten zu platzieren, irgendwie ihr Leben zu regeln. Abgesehen von einem Baby-

>Ich versuche, noch so viele Skulpturen wie möglich zu verkaufen, um mir ein Geldpolster für die Zeit zu schaffen, in der ich vermutlich nicht arbeiten werde.«

sitter hin und wieder hat sie keine Unterstützung. Der Unterhalt des Vaters ist in den ersten drei Jahren zwar gut, kommt aber nicht immer pünktlich. Und später zahlt er zeitweise nur noch, wozu er gesetzlich verpflichtet ist. Als ihre Tochter ein Jahr alt wird, beschließt Isabella, nach Hamburg zu ziehen. Dort wohnt Anaïs' Vater. Isabellas letzter Anlauf, um einen Kontakt zwischen den beiden herzustellen.

Doch der Vater will nicht. »Ich bin selbst ohne Vater aufgewachsen, ich weiß, was das bedeutet. Ich frage mich manchmal, ob ich denn gar nix gelernt habe, dass das jetzt meiner Tochter genauso widerfährt. Es ist schlimm für mich, mir diese Situation anzusehen. So ein kleines Kind versteht es ja nicht.« Anaïs hat ihre eigene Version der Geschichte, sie erzählt, dass ihr Papa tot sei. Isabella bricht es das Herz, ihrer Tochter erklären zu müssen, dass ihr Vater zwar quicklebendig ist, sich aber nicht um sie kümmern möchte. »Ich habe einfach zu viele Baustellen, es wäre schon mehr als genug, Anaïs aufzufangen. Aber ich habe einen Irrsinnsdruck. Den Druck von innen, Kunst zu machen, und den Druck von außen, Geld zu verdienen. Ich habe das Gefühl, ich werde zwischen diesen beiden Dingen aufgerieben.«

Jahrelang lebte Isabella gut von ihren Skulpturen. Aber die Vorstellung, im reichen Hamburg besser ihre Kunst verkaufen zu können, erweist sich als Trugschluss. Und ohne Geld keine Kunst, und ohne Kunst kein Geld. Isabella weiß, dass ihre Situation auch mit ihrer Tochter zusammenhängt, aber ohne Anaïs möchte sie nie wieder sein. »Sie ist das Beste, was mir in meinem Leben passiert ist.« Früher, sagt sie, hätte sie auf Biegen und Brechen ein Atelier finanziert, Ausstellungen gemacht – egal wie, auf Teufel komm raus. »Jetzt gucke ich, dass ich irgendwo einen Halbtagsjob herkriege, damit meine Krankenkasse bezahlt ist.«

Isabella muss ihr Lager auflösen und einen großen Teil ihrer Kunstwerke verschrotten. Sie muss Kosten sparen, um für ihr Kind zu sorgen, um möglichst unabhängig von dessen Vater zu werden. Eine Situation, die vor fünf Jahren undenkbar gewesen wäre, die sie quält und mürbe macht. »Was sich durch die Geburt am meisten verändert hat, ist, dass ich darüber nachdenke, wie weit ich darauf verzichten kann, Kunst zu machen, ohne wahnsinnig zu werden.« Es gab

Zeiten, da freute sie sich über das Falten von Backförmchen für Muffins, weil sie da etwas mit ihren Händen erschaffen konnte.

Nach knapp drei Jahren verlässt Isabella Hamburg, die Stadt, die für sie zu einer einzigen Sackgasse geworden ist, und zieht nach Berlin. Berlin ist billiger, freier, die Menschen offener. Berlin ist eine gute Entscheidung, eine Befreiung. Inzwischen wohnt die Künstlerin in einer Wohnung in einem alten Gutshaus am Rand von Pankow, kann die Scheune für einen Teil ihrer Skulpturen nutzen und hat, wenn alles gut läuft, demnächst einen Auftrag als Stahlbildhauerin für einen Hotelumbau. »Ich freue mich sehr über diesen Job, obwohl ich im Moment so erschöpft bin von meiner Zeit in Hamburg, dass ich manchmal auch problemlos gar nichts machen und nur auf der Schaukel sitzen und in meinen Garten schauen könnte.«

Die Zeit in Hamburg war hart für sie, aber wichtig. Wichtig, weil Isabella begriffen hat, dass ihre Tochter nie Kontakt zu ihrem Vater haben wird. Und wichtig, weil ihr klar geworden ist, dass sie nicht ohne Stahl, ohne ihre Kunst leben kann.

»Wie das mit meinem Beruf weitergeht, macht mir Sorgen. Ein Leben ohne Kunst kann ich mir eigentlich nicht vorstellen. Und ich habe keine Vorstellung, wie es ist, als alleinerziehende Künstlerin zu arbeiten.«

Steffi ist 42, als sie sich unsterblich verliebt und schwanger wird. Glück im Eiltempo, das nicht hält, was es verspricht. Ihr Halt ist die Wohngemeinschaft, in der sie mit ihrer Tochter lebt.

STEFFI 43, Angestellte Gesundheitsbereich
Zu zehnt ist man selten allein

Eine riesige Fabriketage, zwölf Zimmer, in denen zwölf Menschen wohnen. Bunt gemischte Flohmarktmöbel, hier und da ein Buddha, dazwischen Jacken, Schuhe. Eine große, offene Küche. Im Flur baumelt eine Schaukel, daneben stehen Kindertisch und Puppenküche – die Spielecke. Es sieht ein bisschen aus wie in einer 80er-Jahre-WG. Hier lebt Steffi mit ihrer fast zweijährigen Tochter Liv und zehn weiteren Erwachsenen im Alter zwischen 30 und 60 Jahren. Ihr Zuhause, ihre Familie, der sie viel zu verdanken hat, nachdem auf das schönste Jahr ihres Lebens nahtlos das schlimmste folgte. Seitdem weiß Steffi, dass nichts im Leben wirklich planbar ist.

Die zierliche Frau ist 42 Jahre alt, als sie sich unsterblich verliebt und schwanger wird. Hinter ihr liegt ein turbulentes Leben, eine »spießige Ossi-Kindheit« in Schwerin, Kellnern in Berlin – Sparen, um mit dem verdienten Geld zu reisen, monatelang, immer wieder, immer Asien. Acht Jahre, bis sie schließlich in Hamburg eine Ausbildung zur Kauffrau im Gesundheitswesen beginnt.

In ihrer Wohngemeinschaft lernt Steffi beim gemeinsamen Kochen den perfekten Mann kennen. Liebe im Eiltempo – er will eine richtige Beziehung und sie ein Kind. »Am Anfang ging mir das zu schnell, da ich eher vorsichtig bin, aber er hat alles weggepustet. Ich habe noch niemals einen Mann so geliebt.«

Alles ist so, wie Steffi es sich immer gewünscht hat. Ein Kind, ein Mann, raus aus der Stadt. Er ist groß, packt zu, wohnt in einem alten Gehöft auf dem Land, legt mit ihr einen Garten an, liebt die Dinge, die sie liebt. Die schüchterne Frau, die sonst so gerne das Leben »zerdenkt«, fühlt sich geborgen, gewinnt ein völlig neues Selbstbewusstsein. Freunde erkennen sie nicht wieder. Die späte Schwangerschaft verläuft normal, Steffi pendelt zwischen ihrem WG-Zimmer und der Landkommune – ihrer Ausbildung und der großen Liebe.

»Dieses Jahr ist das glücklichste meines Lebens. Meine Freunde erkennen mich gar nicht wieder, sie finden, ich bin total aufgeblüht, seit ich schwanger bin.«

Ihre Tochter wird per Kaiserschnitt geboren – es ist Steffis ausdrücklicher Wunsch: »Ich wusste, dass sie mein einziges Kind sein wird, und wollte nicht riskieren, dass irgendetwas bei der Geburt passiert.« Der Vater weint vor Glück, als er das Baby zum ersten Mal in den Armen hält, sieben Monate später teilt er Steffi mit, dass er sie nicht mehr liebt. Der Traum ist beendet.

Mit zwei Sätzen bricht Steffis Welt zusammen, sie versteht nicht, was passiert ist, bis sie erfährt, dass er sie schon lange mit seiner Exfrau betrog. Am Boden zerstört, geht sie nicht mehr zur Schule, wiegt nur noch 40 Kilo. Irgendwann merkt sie, dass sich die Beziehung zu ihrem Kind verändert, weil sie mit dem Schmerz nicht zurechtkommt. »Das hat mich noch weiter runtergerissen, ich habe mir vorgeworfen, dass ich keine gute Mutter bin. Das letzte Jahr ist ein Jahr, das ich eigentlich vergessen möchte. Hätte ich meine guten Freunde, meine Familie nicht, hätte ich es nicht geschafft.« Die WG-Bewohner kümmern sich rührend, lassen Steffi keine Minute mehr aus den Augen. Jeden Tag rufen ihre beiden Schwestern an. Nach einem Monat rappelt sich Steffi auf, setzt ihre Ausbildung fort. Sie tut es für Liv. Sie spürt, dass sie die Verantwortung für ihre

Tochter übernehmen muss und sich nicht hängen lassen kann. »Ich möchte, dass sie einmal stolz auf mich ist, und ihr nicht vorleben, dass man sich gehen lässt.«

Steffi beendet ihre Ausbildung und wird von ihrem Praktikumsbetrieb übernommen, jetzt ist sie Assistentin der Geschäftsführung in einem kleinen, ambulanten Pflegedienst, arbeitet in einem sehr netten Team und kann ihre kleine Tochter jeden Tag um 15.30 Uhr von der Kita abholen. Ein Glücksfall. In ihrer WG wird sie wohnen bleiben. Sollte sich diese irgendwann einmal auflösen, würde Steffi sich um ein Wohnprojekt mit anderen Müttern kümmern. Alleine leben möchte sie auf keinen Fall. Sie braucht die Auseinandersetzung mit anderen, findet es gut, wenn die eigene Lebensperspektive auch mal relativiert wird. Zehn Mitbewohner verlangen Toleranz, und man lernt »zwischenmenschlich« einiges, und das schätzt Steffi. Darüber hinaus ist sie dankbar, dass immer jemand da ist, der sich um Liv kümmert. Ohne ihre Mitbewohner käme die alleinerziehende Mutter nicht so gut mit der Situation zurecht. Sie hätte das Gefühl, nicht all das leisten zu können, was ein Kind braucht. »Liv bekommt hier so viel Input, so viele Eigenschaften von anderen Menschen mit, sonst wäre sie ja nur auf mich fixiert, und das wäre mir zu wenig.«

Früher, erzählt Steffi, sei sie oft schwermütig gewesen, habe gegrübelt, gezweifelt. Inzwischen kichert sie schon morgens über ihre Tochter, wenn sie die Augen öffnet. »Ich bin lebensfreudiger und alberner, sie weckt in mir wieder das Kind, das ich schon gar nicht mehr kannte. Sie hat aus mir wirklich einen selbstständigen Menschen gemacht.« All das hatte Steffi so nicht erwartet. Liv ist ihre große Liebe, ein Leben ohne die Kleine – unvorstellbar.

Den Vater des Kindes sieht sie nicht mehr. Ihr ehemaliger Traumprinz zeigte nach der Trennung Seiten, die sie nie an ihm vermutet hätte. Er habe sie belogen und beschimpft. Anfangs bemüht sie sich noch darum, dass er seine Tochter sieht, versucht die Situation irgendwie zu retten. Doch die Übergabe des Kindes, das Einhalten der Termine, all das verursacht immer wieder Streit und

»Eigentlich wollte ich immer vier Söhne haben, hatte aber nie das Gefühl, den richtigen Papa dazu gefunden zu haben. Dieser Mann jetzt ist perfekt, ich war noch nie so verliebt.«

»Ich wünsche mir, dass ich weiter reisen kann, auch wenn das Kind da ist. Wir haben geplant, schon bald mit dem Baby loszufahren – im Bus von meinem Freund.«

belastet Steffi. Irgendwann will sie nichts mehr mit ihm zu tun haben und schaltet das Jugendamt ein. Heute sieht der Vater seine Tochter nur noch, wenn ein Mitarbeiter des Kinderschutzbundes dabei ist, lediglich ein »betreuter Umgang« ist ihm erlaubt.

Inzwischen versucht sie, die Geschichte abzuhaken, und kann nicht mehr so recht nachvollziehen, wieso die Trennung sie derartig mitgenommen hat. »Der ganze Ärger hat sich gelohnt, dafür, dass ich meine Tochter habe, war das alles Pillepalle. Was Größeres kann ich mir nicht vorstellen, was wäre denn aus mir geworden ohne Liv? Jetzt weiß ich, wofür ich da bin.« Früher wurde sie häufiger von Zukunftsängsten geplagt, aber die Zeiten sind vorbei. Ihre Tochter zeigt ihr, dass jeder Tag anders ist und dass man eigentlich gar nichts planen kann. »Ich lasse die Dinge auf mich zukommen.«

Eine große Familie, eigene Kinder zu haben, war ihr Wunsch, seitdem sie denken kann. Eva selbst ist Adoptivkind und immer wieder auf der Suche nach ihrer Herkunft.

EVA 37
Löwenmutter

Schon als kleines Mädchen wollte Eva »Kinderleiterin« werden und hätte am liebsten, neben ihrer älteren Schwester, noch ganz viele Geschwister bekommen. Mutter zu sein, eine große Familie zu haben, war, seit sie denken kann, ihr Herzenswunsch. Ein Lebenstraum, der wohl auch daher rührt, dass sie selbst ein Adoptivkind ist. Als fünf Tage alter Säugling kam Eva zu ihrer Familie. Zu Eltern, die sie liebevoll angenommen haben und auch heute noch eine wichtige Rolle in ihrem Leben spielen. Dennoch war da immer das Gefühl, anders zu sein. »Ich habe mich gefragt, wie meine leiblichen Eltern sind, wie es wohl für meine Mutter gewesen ist, mit mir schwanger zu sein. Ich spürte eine große Sehnsucht danach, eigene Kinder zu haben, Menschen, die sozusagen mein Fleisch und Blut sind.«

Mit 22 Jahren bekommt Eva ihr erstes Kind. 19 Monate später ist sie mit Noah, ihrem zweiten Sohn, schwanger. Sie ist in einem Alter, in dem ihre Freunde studieren, reisen, die Welt und sich selbst kennenlernen, aber nicht darüber nachdenken, Kinder zu kriegen und eine eigene Familie zu gründen. Auch der Vater

»Es ist gut, dass ich meine Ausbildung beendet habe, das brauchte ich für meine eigene Sicherheit, jetzt freue ich mich sehr auf das Baby.«

ihrer Söhne, den Eva kennt, seitdem sie 18 ist, steckt mitten in der Ausbildung. Das hat einen großen Vorteil – die jungen Eltern können sich intensiv um ihre Kinder kümmern. Ein relativ entspanntes Leben zwischen Uni und Kinderladen, zwischen Lernen und Babybrei. Mit Unterstützung der Großeltern, die das Paar entlasten.

Eva genießt die Zeit mit ihren Jungs. Die Tage fließen dahin, reihen sich wie kleine bunte Perlen aneinander. Eine gestresste Mutter, die den Spagat zwischen Kindern und Karriere nicht hinbekommt, wollte sie nie sein. Eva ist selbst mit beruflich erfolgreichen, viel arbeitenden Eltern aufgewachsen und fühlte sich deshalb häufig auf sich allein gestellt. Natürlich waren ihre Eltern in Not und Krisensituationen da, aber ein Familienleben, in dem alle mehr gemeinsame Zeit miteinander verbringen, hat sie manches Mal vermisst. »Ich möchte zwar arbeiten, und es ist mir wichtig, meine Eigenständigkeit zu haben, aber das darf keinen so großen Raum einnehmen, dass meine Beziehung zu den Kindern leidet.« Sie sucht nach einem anderen Modell für sich und ihre Söhne. Kurz vor Noahs Geburt hatte Eva eine Ausbildung zur Fremdsprachenkorrespondentin abgeschlossen. Keine Herzensangelegenheit, aber etwas, das der jungen Frau Sicherheit verleiht. Ein Projekt, das sie mit Baby im Gepäck gut bewältigen konnte. Auch als Mutter von zwei Kleinkindern möchte sie nicht um jeden Preis studieren, obwohl es von Medizin bis Pädagogik viele Gebiete gibt, die sie interessieren würden. Wie ihre berufliche Zukunft aussehen könnte, davon hat sie keine genauen Vorstellungen – das ist nicht das Wichtigste, dafür hat sie immer noch Zeit. Erst einmal kommen ihre Kinder. Selbst wenn das in einer Gesellschaft, in der »Mutter und Karriere« gerne in einem Atemzug genannt werden, nicht jeder versteht.

Irgendwann, als Noah gut ein Jahr alt ist, möchte Evas Mann raus aus der Routine, mal etwas anderes erleben. Er träumt davon, in Amerika zu studieren. Eva, die schon als 16-Jährige ein Jahr lang in Brasilien war, reizt es auch, im Ausland zu leben. Was sie weniger reizt, ist, mit zwei Kleinkindern ihr Nest zu verlassen, und finanzielle Abhängigkeiten. Doch als ihr Mann die Zusage für ein Vollstipendium an der Universität von New Jersey bekommt, packen sie die Koffer. Die

ruhigen Zeiten sind vorbei. The Big Apple – ein ganz anderes Leben. Und Eva, die nicht sicher war, ob sie sich in den USA wohlfühlen würde, liebt New York. Ihr Mann verbringt seine Tage im Hörsaal, sie pendelt zwischen dem Unikindergarten in New Jersey und ihrem neuen Job in Manhattan. Um ein bisschen Geld zu verdienen und unter Leute zu kommen, hilft Eva einer früheren Freundin, die seit einigen Jahren in New York lebt, beim Aufbau eines »Coffee to go«-Unternehmens. Viel Spaß, viel Arbeit, wenig Schlaf. Allein für die Strecke von New Jersey nach Manhattan sitzt sie jeden Tag eine Stunde in der U-Bahn. Trotzdem: große Euphorie, ein Leben wie im Film. Perfekt für einen Großstadtjunkie, anstrengend für eine Mutter von zwei kleinen Jungen. Die ewige Dauerbeschallung, die Hektik der Riesenstadt, das alles lässt einen nie abtauchen. Irgendwann sehnt sich Eva danach, mit ihren Kindern in der Erde zu buddeln, Yoga zu machen, träumt von Hamburg und ruhigeren Gefilden. Sie möchte in Deutschland studieren und sich noch etwas Eigenes aufbauen.

Die Familie bricht die Zelte ab und zieht zurück nach Deutschland. Eva beginnt ein Psychologiestudium und gibt es bald wieder auf. Zu viel Statistik, veraltete Theorien, nicht das, was sie sich erhofft hatte. Eine persönliche Kapitulation, für sie, die immer alles zu Ende gebracht hat, die immer einen Strich unter alles ziehen muss. Eva fühlt sich zwischen zwei Welten. Sie vermisst New York. Auch ihre Kinder haben Mühe, im alten Leben anzukommen, und brauchen ihre ganze Unterstützung. Die Beziehung zu ihrem Mann, der sich gut vorstellen konnte, in New Jersey zu bleiben, ist schwierig. Irgendwo, vielleicht schon in Amerika, haben sich die beiden verloren. Aufreibende Zeiten. Das Paar trennt sich nach zwölf Jahren. Ein Leben lang zusammenzubleiben, was sie sich so sehr gewünscht hatten, schaffen sie nicht, aber es gelingt ihnen, gut befreundet zu bleiben.

Vier Jahre lang lebt Eva allein mit Janos und Noah. Eine intensive Zeit für sie und ihre Kinder. Fußball spielen im Park, sich nach dem Kindergarten treiben lassen, abends im Bett vorlesen. Muttergefühle und Kindersehnsüchte, ein ganz eigener Dreiklang, an den Eva sich gerne erinnert. Ihren Vater sehen die Jungen, wann immer ihnen danach ist, und hin und wieder essen sie alle gemeinsam.

Im Kindergarten lernt Eva ihren zweiten Mann kennen. Er lebt auch getrennt und ist Vater von zwei Töchtern. Sie hatte nicht nach einer neuen Beziehung gesucht, aber aus der anfänglichen Freundschaft wird Liebe. »Es war klar, dass ich mich auf einen Mann mit zwei Kindern eingelassen habe. Seine Kinder spielen die erste Rolle und meine auch. Dass sich unsere Kinder kannten und mochten und auch eingefordert haben, dass wir uns sehen, war ein großes Glück.«

»Auf keinen Fall möchte ich eine Mutter sein, die aufgrund ihres Berufes gestresst ist, die unter dem Spagat zwischen Kindern und Job leiden muss.«

Als ihre Söhne zwölf und neun Jahre alt sind, bekommt Eva ihren dritten Sohn: Ben. Ein weiteres Wunschkind, das temperamentvollste von allen. Eva arbeitet inzwischen als Tagesmutter in einem Schülerhort, und die Patchworkfamilie lebt mal mit drei und wenn die beiden Mädchen da sind, mit fünf Kindern unter einem Dach. Das klappt gut, auch wenn die Aufmerksamkeit für jeden Einzelnen in so einer Großfamilie manchmal zu kurz kommt. Wenn Eva das spürt, versucht sie die Kinder so weit wie möglich aufzufangen. Ihr ist es wichtig, auch Zeit mit jedem Einzelnen zu verbringen.

Kinder spielen eine wichtige Rolle in Evas Leben. Wenn sie mit ihrer warmen Stimme über ihre Jungen spricht, spürt man förmlich all die kleinen und großen Gefühle. Ihre Freunde behaupten, dass sie etwas von einer »Löwenmutter« habe, die sich jederzeit schützend vor ihre Kinder werfen würde. Sie selbst hat nicht den Eindruck, eine Übermutter zu sein, aber es ist ihr wichtig, am Leben ihrer Kinder teilzunehmen. Da geht es um Zuhören, Vertrauen, Sichaufeinanderverlassen können, aber auch darum, dass Jugendliche ihre eigenen Erfahrungen machen müssen. Eva ist durch ihre Kinder erwachsen geworden, sie sind der Anker in ihrem Leben. Die Jungs halten ihr immer wieder den Spiegel vors Gesicht, durch sie hat sie sich noch einmal ganz neu kennengelernt. »Ich hätte mich ohne sie komplett anders entwickelt. Durch die Kinder weiß ich, wo mein Platz ist. Ich spüre so etwas wie zu Hause zu sein. Das hat mir sehr viel Ruhe und Zuversicht gegeben.«

Nur die Lücke in ihrer Biografie hat Eva noch nicht ganz geschlossen. Die Frage, wer ihre leiblichen Eltern sind, hat sie nie losgelassen. Nachdem Janos geboren wurde, machte sie sich noch einmal auf die Suche. In der Adoptionsstelle bekam sie Akteneinsicht und sah Fotos ihrer Eltern. Sie schrieb ihrer Mutter einen Brief und erhielt prompt eine Antwort. Wenig später saßen sie sich zum ersten Mal gegenüber. Bis heute haben sie Kontakt. Ihren Vater würde sie auch gerne kennenlernen. Er stammt aus Mali und lebt vermutlich wieder in Afrika. Aber der Versuch, ihn über verschiedene Organisationen zu finden, blieb bisher erfolglos – ein kleiner blinder Fleck auf ihrer Lebenslandkarte. Vorerst.

Christina wünscht sich ein drittes Kind und bekommt Zwillinge. Die Waldorfpädagogin und leidenschaftliche Mutter freut sich auf das Abenteuer Großfamilie, auch wenn Babys im Doppelpack eine besondere Herausforderung sind.

CHRISTINA 40, Pädagogin
Alles doppelt

Ein riesiges Trampolin im Vorgarten. Buntes Spielzeug auf der Wiese. Ein kleiner Hase hoppelt durchs Beet. Bullerbü – hier lebt eine große Familie. Der verwunschene Garten des kleinen Häuschens ist im Moment mit Brettern abgesichert, und das gemütliche Wohnzimmer erinnert an einen großen Laufstall. So sieht es aus, wenn zwei Kleinkinder laufen lernen. Zwillingsglück. Nichts einfach, alles doppelt. Ein ziemlicher Kraftakt für Christina, die dachte, dass sie durch ihren Beruf als Waldorfpädagogin und die Jahre mit ihren älteren Söhnen schon jede Menge Routine hätte.

Mutter, Vater und drei Kinder, das war schon als Studentin ihr Bild von der Idealfamilie. Als Christina und David sich für ein weiteres Kind entscheiden, sind ihre Söhne Samuel und Justus bereits neun und elf Jahre alt. Das Paar kann wieder ausgehen, Freunde treffen, ausschlafen und genießt diese Freiheiten. Aber es bleibt das Gefühl, dass die Familie noch nicht komplett ist. Christina wird schwanger. Ihr ist übel. Dauernd, endlos, ganz anders als bei ihren Söhnen. Beim

ersten Ultraschall stellt ihr Arzt fest: das dritte Kind – sind Zwillinge. Christina und David freuen sich auf das Abenteuer Großfamilie. »Wir waren ganz schön blauäugig, und das ist wahrscheinlich auch gut so. Ich fand Zwillinge immer toll, das hatte ich als Kind bei meiner Tante gesehen, die ist auch Zwillingsmutter.«

Der Bauch wächst rasant, und Christina, die immer gerne schwanger war, genießt die unglaubliche Aufmerksamkeit. Ihre Viertagesstelle als Handarbeits- und Eurythmielehrerin an einer Waldorfschule reduziert sie. Am Ende der Schwangerschaft kann sich die 38-Jährige kaum noch bewegen. Eine Woche vor dem errechneten Termin werden Mariella und Lorenz spontan geboren. Am nächsten Tag ist Christina mit ihren beiden Säuglingen wieder zu Hause, das Leben im Dauereinsatz beginnt: Dauerstillen, Dauerwickeln. Die großen Söhne, die Christina nur noch mit zwei Babys im Arm erleben, müssen kompromissbereit sein. Das erste Jahr mit den Zwillingen ist mehr als anstrengend, aber für ihre Familie auch wie »ein kleines Wunder«. Christina ist 24 Stunden am Tag gefordert. »Es gab Nächte, da habe ich mich nur von einem Kind zum anderen gedreht und morgens wieder die Großen betreut. Irgendwann konnte ich nicht mehr, und David ist mit Lorenz nach unten in ein anderes Zimmer gezogen.«

Ohne die Unterstützung ihres Mannes David, der als Selbstständiger Haupternährer der Familie ist und mit dem Christina schon seit über 21 Jahren zusammenlebt, würde dieser aufreibende Alltag nicht funktionieren. Die beiden arbeiten Hand in Hand. David kümmert sich, wo er kann, erledigt samstags den Großeinkauf, putzt und wäscht oder baut mit den großen Jungs Baumhäuser. Und wenn Not am Mann ist, kommt er schon mal aus der Firma nach Hause. David ist das Gegenteil von Christinas Vater, der ausschließlich für seinen Beruf zuständig war, nicht für die Kinder. Das klassische Familienmodell der 70er, das sich Christina nie vorstellen konnte. Auch ihre Mutter wohnt immer wieder wochenlang bei ihnen in dem kleinen Hexenhaus am Rande der Stadt und hilft der

»Wir machen uns keine großen Gedanken, wie wir das Leben mit vier Kindern organisieren werden, das lassen wir auf uns zukommen. Dann gehe ich eben mit zwei Babys überallhin, das habe ich mit den Jungs auch so gemacht.«

Tochter, damit Christina sich auch mal um die Hausaufgaben der Großen kümmern kann.

Nach 19 Monaten mit zwei Babys weiß Christina: Ohne Struktur, einen festen Rhythmus und perfekte Organisation geht gar nichts. Anders als früher mit ihren großen Söhnen ist sie viel zu Hause, erledigt das meiste zu Fuß und besucht auch nicht mehr so spontan Freunde. Die Illusion, dass sie zwei Säuglinge mal eben kurz ins Auto packt, hatte Christina schnell aufgegeben. »Mich stört so etwas nicht mehr, da ich aus der Erfahrung mit den anderen beiden weiß, dass alles nur eine begrenzte Zeit dauert. Ganz schnell hängt an der Tür eines Kindes ›Bitte anklopfen! Betreten verboten!‹. Heute genieße ich vieles stärker, obwohl alles anstrengender ist. Trotzdem versuche ich mir immer bewusst zu machen, dass unsere Lebenssituation ein Geschenk ist.«

Seit vier Kinder »Mama« sagen, hat Christina das Gefühl, ganz und gar Mutter zu sein. Wenn alle am Mittagstisch sitzen und womöglich noch Freunde der Jungs zu Besuch sind, ist sie glücklich. Sie liebt den Trubel. Christina mag ihre Rolle und ist gerne zu Hause mit den Kindern. Als Samuel und Justus noch klein waren, betreute sie ihre Söhne sechs Jahre lang und fing erst danach wieder an zu arbeiten. In der bunten Wohnküche wird schon immer gemeinsam gebacken, gekocht, genäht oder gefilzt. Die Kreativität ihrer Kinder zu fördern und zu unterstützen, ist ihr wichtig. Auch David steht mit seinen Söhnen lieber an der Werkbank und baut mit ihnen Seifenkisten, anstatt vor dem Fernseher oder vor dem Computer zu sitzen. Christina und David ist bewusst, dass es schwierig ist, den unterschiedlichen Lebenswelten und Bedürfnissen der knapp Zweijährigen und der pubertierenden Jugendlichen gerecht zu werden. Sooft es geht, unternehmen sie etwas mit ihren großen Söhnen, gehen schwimmen oder machen Ausflüge.

Inzwischen schlafen die Zwillinge regelmäßig mittags und gehen abends gleichzeitig ins Bett. Ein bisschen Normalität kehrt zurück. Trotzdem kommt Chris-

»Es ist schon lustig, dass ich überall auf meinen riesigen Bauch angesprochen werde, ich glaube, mich haben noch nie so viele Menschen gefragt, wie es mir geht. Ich finde es schön, dass alle so um mich herumtüdeln.«

»Mein Arzt meinte, ich bräuchte Plan B, falls ich länger liegen muss in der Schwangerschaft. Plan B ist meine Mutter, sie hat mir zugesagt, sich um die Großen zu küm- mern, wenn es eng wird.«

tina immer wieder an ihre Grenzen, vor allem wenn die Kinder krank sind. Dann herrscht Ausnahmezustand im Hexenhaus, denn ein heftiger Magen-Darm-Virus bei zwei kleinen Kindern bringt die Familie an den Rand ihrer Belastbarkeit. Christina ist froh, dass sie schon Ende 30 war und bereits zwei Kinder hatte, bevor sie Mutter von Zwillingen wurde. Wäre sie noch so unsicher gewesen wie damals bei ihrem ers- ten Sohn, hätte sie sicher in so mancher Hinsicht eine Bruchlandung erlebt.

Christina hat wieder angefangen, einen Tag pro Woche in der Waldorfschule zu arbeiten. Das bringt nicht viel Geld, aber ist ein guter Ausgleich zu ihrem rituali- sierten Mutteralltag. Das erste Jahr mit den Kleinen, so ganz ohne eigene Freiräume, war anstrengend. Mittlerweile nimmt sie sich wieder ihre Auszeiten, trifft ab und zu abends ihre Freundinnen, und um eine halbe Stunde mittags in der Sonne zu liegen, lässt sie auch mal den Abwasch stehen. Trotz aller Belastung ist sie glücklich, gleich zwei Kinder statt nur eins bekommen zu haben. Zwillinge lassen sich ja bekanntlich nicht planen, aber hätte sie aus heutiger Sicht noch einmal die Wahl, würde sie sich genau diese beiden Kinder wünschen. Christina ist froh, dass Mariella und Lorenz miteinander aufwachsen, dass ihr »drittes Kind« kein Einzelkind geworden ist. Für David und sie ist es ein ganz besonderes Abenteuer, mit vier Kindern zu leben.

Juliane will alles, bloß nie »muttrig« sein. Als ihr Sohn noch ganz klein ist, stellt sie ihr Leben auf den Kopf. Die Geigerin wird Stewardess, verliebt sich in eine Frau und merkt schließlich, wie wichtig die Beziehung zu ihrem Kind für sie ist.

JULIANE
40, Geigerin, Stewardess
Zwischen den Stühlen

Manchmal muss man erst einmal um die Welt fliegen und lange reisen, um endlich anzukommen. Jetzt ist alles gut. Juliane und ihr Sohn Julian sind eine kleine Familie, leben das, was Juliane sich lange gewünscht hat: Geborgenheit, Vertrauen, sich nicht immer beweisen, nicht immer die Coole spielen zu müssen. Kein Leben mehr zwischen den Stühlen, sondern einfach: Mutter sein.

Ein holpriger Weg, an dessen Anfang eine unverhoffte Schwangerschaft steht – die die damals 33-jährige Geigerin am liebsten sofort wieder beendet hätte, obwohl sie eigentlich immer Kinder wollte. »Da ich mit meinem Freund erst seit ein paar Monaten zusammen war, hatte ich beschlossen, abzutreiben, ich war der Meinung, das kann nicht klappen, wenn man so kurz liiert ist«, sagt Juliane. Auf Drängen des werdenden Vaters, der wie Juliane Musiker ist, entscheidet sie sich für das Kind. Mit im Gepäck: große Pläne vom gemeinsamen Arbeiten und von einer gleichberechtigten Verteilung der Kinderbetreuung. Was folgt, sind eine Traumhochzeit in Weiß und die Geburt ihres Sohnes Julian.

Juliane will alles, bloß nicht »muttrig« sein. Anders als ihre Mutter, die immer nur Hausfrau und Versorgerin von vier Kindern war. »Ich wollte mir und allen anderen beweisen, dass Frauen mit Kindern die Welt bereichern können und nicht nur zu Hause sitzen. Wenn ich nichts tue, fühle ich mich nutzlos.« Nach der Entbindung gönnt sich die Violinistin gerade mal zwei Tage Betreuung durch eine Hebamme. Gefangen im eigenen Anspruch, versucht sie, neben Wickelkommode und Stillalarm auch noch die sexy Ehefrau und die erfolgreiche Musikerin zu geben. »Ich ging über meine Kräfte, physisch und seelisch.«

Schließlich will sie nur noch raus. Weg aus dem kleinbürgerlichen Lübeck, weg aus der Beziehung, in der nicht ein Tag mehr ohne Streit vergeht, ganz schnell hinein in ein neues Leben. Juliane bewirbt sich bei der Lufthansa und lässt sich zur Flugbegleiterin ausbilden. Ein alter Traum und endlich eine Festanstellung, Unabhängigkeit – eine harte Zeit für sie und Julian, der fast ausschließlich von einer Tagesmutter betreut wird. Der Alltag seiner Mutter findet im Flugzeug, auf Flughäfen und in Hotels statt. Schlechtes Gewissen und Versagensängste inklusive. »Ich würde heute mit Sicherheit mein Kind nicht mehr so viel alleine lassen, aber letzten Endes war es wichtig, ich habe den Weg zu mir gefunden.«

Gefunden hat sie auch eine neue Liebe. Julia. Sie lernt die Lufthansa-Emergency-Trainerin auf einem Fortbildungsseminar kennen. Juliane spürt, was sie schon länger ahnte, ihre große Liebe ist eine Frau. »Endlich kann ich meine Sexualität so leben, wie ich es immer wollte. Bis dahin dachte ich, es muss doch auch mit Männern gehen.« Als der Vater ihres Kindes von der Beziehung erfährt, versucht er, seine Frau zu halten. »Ich saß lange zwischen den Stühlen, einerseits wollte ich nur mit Julia zusammen sein, andererseits hatte ich Angst, dass er mir unser Kind wegnehmen könnte – und Julian würde ich niemals hergeben.«

Sie zieht mit ihrem Sohn nach Frankfurt. Ein großer Schritt für Juliane, die den Norden bisher nie verlassen hatte. Sie nabelt sich ab. Lässt ihre Eltern, zu denen sie ein sehr enges Verhältnis hat, ihre alten Freunde und ihren Ehemann hinter sich. Ein Neustart, geprägt durch die Erfahrungen des »alten« Lebens. Juliane versucht, möglichst viel Zeit mit Julian und ihrer Freundin zu verbringen, fliegt nur noch zweimal im Monat Langstrecke, hin und wieder geht sie wieder als Geigerin auf Tournee. Ihr Sohn wird dann von Ersatzmama Julia betreut. »Für Julian war mein Verhältnis zu Julia völlig normal. Er kennt keine Zärtlichkeiten zwischen mir und einem Mann, mit seinem Vater habe ich mich ja fast immer gestritten.« Das Ende ihrer Ehe bedeutet für Juliane Erleichterung. Endlich muss sie keine Rolle mehr spielen, sich nicht mehr verstellen.

»Wenn ich ein Kind kriege, dann auf alle Fälle ein Mädchen! Ich habe mich immer als Mädchenmutter gesehen. Dass es jetzt ein Junge wird, ist irgendwie schwierig.«

Auch der Alltag von Julianes Lebensgefährtin hat sich durch den Familienzuwachs verändert. Es dauert, bis sich Julia auf ihr gemeinsames Leben zu dritt eingestellt hat. »Julia hat sich zwar rührend um Julian gekümmert, aber manchmal war sie eben doch ein bisschen eifersüchtig auf ihn. Sie musste mich von Anfang an teilen.« Das »Wir sind eine Familie«-Gefühl bekommt Risse und Juliane Heimweh. Die beiden Frauen streiten immer häufiger, irgendetwas passt nicht mehr. Juliane ist unendlich traurig, dass auch dieser Lebenstraum zerbrochen ist. Sie beendet die Beziehung und zieht mit ihrem Sohn zurück nach Hamburg.

Eine schwierige, aber die richtige Entscheidung. »Mein Verhältnis zu Julian hat sich durch die Trennung total verändert. Es ist ganz, ganz schön. Wir haben unsere Rituale. Wenn er von der Schule kommt, ist absolute Mama-Zeit. Da sind nur wir zwei und machen ganz viel zusammen. Das hatten wir vorher nie, es war immer etwas, immer jemand dazwischen, eine neue Situation, eine neue Beziehung, jetzt hat er mich für sich allein.« Die beiden leben in einer hübschen kleinen Altbauwohnung mitten in der Stadt. Zum zweiten Mal innerhalb von sieben Jahren fängt Juliane von vorne an. Das Wichtigste: Julian ist glücklich. Seine Schule ist einen Steinwurf von zu Hause entfernt, er hat viele Freunde und wurde

sogar zum Klassensprecher gewählt. Am Wochenende fahren sie so oft wie möglich aufs Land oder an die Ostsee, gehen skaten oder schwimmen. Juliane, die sich so lange so viel beweisen musste, genießt es, endlich entspannt Mutter sein zu können. Erstaunlich für jemanden, der noch während der Schwangerschaft der festen Überzeugung war, unter keinen Umständen sein Kind allein erziehen zu wollen. Inzwischen hat die Violinistin auch ihre Lufthansa-Stelle reduziert und freut sich, dass sie in Hamburg wieder verstärkt als Musikerin arbeiten kann. »Es kommen dauernd Anfragen, ob ich im Tonstudio spielen will, und ich steige demnächst fest in einem Hamburger Symphonieorchester ein. Das ist großartig, denn ich habe meine Geige sehr vermisst.«

»Eigentlich will ich sofort weiterarbeiten, aber wahrscheinlich hört das mit dem Coolgeschnacke schnell auf, wenn das Baby da ist.«

Das Verhältnis zu ihrem Exmann hat sich entspannt, und Julian sieht seinen Papa weitaus häufiger als zu Frankfurter Zeiten. Wichtig für einen kleinen Jungen, der überwiegend mit Frauen zu tun hat – das ist Juliane bewusst. Sie fördert die Vater-Sohn-Beziehung, so gut es geht, und versucht alles, was für Julian wichtig ist, möglichst gemeinsam mit dem Vater zu entscheiden. Auch dass der Kindsvater in ihr Viertel, in die Nähe seines Sohnes, ziehen möchte, unterstützt sie. Juliane, die gerne die Fäden in der Hand behält, aber lange Zeit wie ein Pingpongball durchs Leben schoss, kommt zur Ruhe. Dabei spielt Frankfurt eine entscheidende Rolle. Ihr Jahr fernab von sorgenden Eltern und alten Verhaltensmustern brachte Klarheit. Die Gewissheit, dass sie ausschließlich Frauen liebt, dass das Männerthema ein für alle Mal erledigt ist. Die Sicherheit, dass sie stark genug ist, alles hinter sich zu lassen, und dadurch eine ganz neue Unabhängigkeit gewinnen kann. »Ich bin mehr bei mir und überhaupt nicht auf der Suche nach einer Beziehung. Jetzt ist erst mal nur Julian dran, der musste wirklich einiges einstecken und unglaublich viel abfangen. Ich versuche das möglichst auszugleichen, ihm all meine Liebe zu geben.« Familienmensch Juliane würde gerne irgendwann wieder in einer Beziehung leben, am liebsten in einer Patchworkkonstellation mit einem Kind im Alter ihres Sohnes. Aber das kann warten. Der nächste Familienzuwachs ist ein Katzenbaby für Julian.

Cornelia verliebt sich in einen Schäfer und die Idee einer Großfamilie. Als sie mit ihrer kleinen Tochter in das alte Haus hinter
dem Deich zieht, ahnt sie nicht, wie sehr die Hofwirtschaft mit
2000 Schafen ihr Leben von da an bestimmen wird.

CORNELIA 48, Goldschmiedin
Weites, enges Land

Endlos weite Elbmarsch. Strahlend blauer Himmel. Der ewige Wind verfängt sich
im Schilf. Seeadler kreisen über dem glitzernden Fluss, die Störche bauen ihr
Nest. Unter der Trauerweide wohnen Biber in einer Burg aus dicken Ästen. Weiter
oben weiden Schafe auf dem Deich, begleitet von zotteligen Hunden. Unge-
kämmtes Land am Ende von Nirgendwo. Mitten in dieser Postkartenidylle lebt
Cornelia, doch ihre Schönheit nimmt sie nur noch selten wahr. Die ländliche Ro-
mantik ist zur Kulisse für ihren aufreibenden Arbeitsalltag geworden.

Cornelia ist Goldschmiedin, Cafébetreiberin, Haushälterin, Fahrservice
und Mutter. Sieben Tage die Woche ist die zierliche Frau von morgens bis abends
im Einsatz. Schon in der Morgendämmerung sitzt sie in ihrer Werkstatt, um an
ihren Schmuckstücken zu arbeiten. Mittags müssen die Kinder von der Schule
abgeholt werden – 20 Kilometer hin und 20 Kilometer zurück. Es folgen: kochen,
Wäsche waschen, das Haus in Ordnung halten und auch den Garten, dazu weitere Fahrten mit den Kindern, zum Reiten, zum Klavierunterricht, zu Freunden.

Am Abend, wenn ihre Tochter und ihr Sohn schlafen, geht es meist noch einmal an die Werkbank. Und im Sommer heißt es ab März, jeden Samstag und Sonntag: Kuchen backen, Kaffee kochen, Tabletts schleppen, die Gäste des hauseigenen Cafés bewirten. Ermüdend. Ihr Leben auf dem Land hatte sich Cornelia anders vorgestellt, als sie sich vor knapp zwölf Jahren in einen Schäfer verliebt. Damals lebt sie mit ihrer vierjährigen Tochter Pauline am Stadtrand von Lüneburg.

»Mit meiner Tochter habe ich von Anfang an alleine gelebt. Es ist schön, dass sie jetzt ein Geschwisterkind bekommt und wir eine richtige Familie sind.«

Einen Vater gab es von Anfang an nicht. »Alleinerziehend zu sein, war irgendwie stimmig, das passte zu mir. Ich hätte natürlich gerne einen Partner gehabt. Aber auch mit ihr alleine war das einfach eine sehr schöne Beziehung. So kompromisslos.« Cornelia pendelt zwischen ihrer Goldschmiedewerkstatt und ihrer kleinen Tochter, arbeitet viel, verkauft ihren Schmuck auf Ausstellungen in ganz Deutschland und genießt die Zeit mit ihrem Kind. An den Wochenenden geht sie an der Elbe spazieren, streift durch die Natur, die sie so liebt, oder fährt mit Pauline zu dem kleinen Café hinterm Deich. Dort lernt sie diesen Mann kennen, der oft in der Küche der Schäferei sitzt, die an das Café grenzt. Er ist der Pächter und wohnt mit seiner Mutter, seinem Kompagnon und seinen Mitarbeitern in dem 120 Jahre alten Hof. Cornelia verliebt sich in den Schäfer, in die Vorstellung, direkt am Fluss zu leben, in die Idee, mit Pauline zu einer großen Landfamilie zu gehören. Sechs Monate später ziehen Cornelia und ihre Tochter aus ihrer beschaulichen Zweisamkeit in den Schäferclan am Elbufer. Ihre große Liebe wünscht sich ein Baby, und Cornelia schwebt über den Wolken. Viele Kinder zu haben, war immer ihr Traum. Nach weiteren sechs Monaten ist sie schwanger.

David wird geboren. Und Cornelia, die 16 Jahre lang allein gelebt hat und es gewohnt war, ihr Leben selbst zu regeln, hat Schwierigkeiten, sich auf den Tagesablauf ihrer Schwiegermutter einzustellen. Für zwei Frauen scheint auf Dauer kein Platz auf dem Hof zu sein. Cornelias Schwiegermutter zieht ins Nachbardorf. Die junge Mutter übernimmt zusätzlich zu ihrer Arbeit als Goldschmiedin die Aufgaben der alten Dame und damit auch das Café. Der Auftakt einer Sieben-

Tage-Woche. »Ich war nicht selbstbewusst genug, um das abzulehnen. Ich wollte hier alles gut machen, damit keiner die Oma vermisst, und habe brav ihre Position eingenommen.« Seitdem hetzt Cornelia durch ihr Leben. Was ihr fehlt, ist Zeit. Zeit für sich, aber vor allem für ihre Kinder. Cornelia hat im falschen Moment »Ja« gesagt. Könnte sie noch einmal von vorn anfangen, würde sie eine solche Situation nicht mehr zulassen. Denn die Verbindung zu ihren Kindern ist ihr wichtig. Die gemeinsamen Mahlzeiten, miteinander zu sprechen, sich im richtigen Moment in den Arm nehmen zu können, darauf legt die kleine, sensible Frau mit der großen Sehnsucht nach mehr Freiraum sehr viel Wert.

Als sie vor gut zehn Jahren mit David schwanger war und von der beschaulichen Landfamilie träumte, konnte Cornelia nicht ahnen, was es bedeutet, mit einem landwirtschaftlichen Betrieb liiert zu sein. Ihr Mann ist mit Leib und Seele Schäfer. Im Sommer wie im Winter findet man ihn von morgens früh bis tief in die Nacht draußen bei seinen Tieren. Der wettergegerbte 40-Jährige baut Ställe, füttert, trainiert die Hunde, treibt das Vieh auf die nächste Weide. Das ist Knochenarbeit. Am Anfang ihrer Beziehung verbrachte das Paar noch viele Abende zusammen, doch seit aus ein paar Hundert Schafen 2000 wurden, sehen sich die beiden so gut wie gar nicht mehr. »Im Grunde genommen wohne ich hier mit den Kindern allein, die Kerle sind nur weg. Ich lebe wie damals mit Pauline, habe aber viel mehr Arbeit. Bevor ich meinen Mann kennenlernte, war ich unheimlich frei. Mir war das oft zu viel Freiheit. Ich konnte mir diese Aufgaben, dieses Eingebundensein in eine Familie sehr gut vorstellen, denn ich hatte mich schon gefragt, was mir diese ganze Freiheit eigentlich bringt. Aber das versteht man erst, wenn man sie nicht mehr hat.«

Inzwischen ist für Cornelia ihr Beruf ihr größter Freiraum. Wenn sie in ihrer Werkstatt sitzt, ist sie glücklich. Aber um als Goldschmiedin ernst genommen zu werden und Geld zu verdienen, muss sie sehr diszipliniert arbeiten. Freizeit und Freundschaften bleiben auf der Strecke.

»Es ist etwas Besonderes, mit so einem Landburschen zusammenzuleben, das ist ganz anders als alles zuvor. Er lebt für seine Tiere und hält meine Arbeit eher für so einen Schickimicki-Kram.«

> »Ich wollte immer gerne an der Elbe wohnen, ich liebe das Wasser und finde es herrlich, dass meine Kinder hier in dieser Natur aufwachsen können.«

Doch selbst wenn das Leben als Mutter auf dem Land anstrengend ist und sie auf die Wochenenden im Café und die Hunderte von Kilometern, die sie mit ihren Kindern im Auto sitzt, gerne verzichten würde, liebt Cornelia das Wasser und diese endlose Weite hinter dem Deich. Die Einsamkeit und das Leben ohne Nachbarn sind für sie kein Problem. Sie möchte nicht in der Stadt wohnen. Auch David, der unbedingt einmal Schäfer werden will und stundenlang alleine durch die Landschaft streift, der jedem Besucher stolz sein Baumhaus, seine Hunde, seine Schafe und seine Lieblingsplätze präsentiert, wäre ohne all das todunglücklich. Selbst die 14-jährige Pauline ist eng verbunden mit der Natur, hängt an den Tieren und kann sich ein Leben im Trubel der Großstadt schlecht vorstellen. Obwohl es für ein Mädchen mitten in der Pubertät nicht leicht ist, für jeden Besuch bei Freunden von ihrer Mutter und deren Auto abhängig zu sein.

Cornelia hat keine romantische Landgeschichte zu bieten, dennoch möchte sie mit niemandem tauschen. Sie wird mit den Kindern auf dem Hof bleiben und weiter mit dem Schäfer und seinem Kompagnon leben. Den beiden Männern, die seit 20 Jahren zusammenarbeiten, bei Null angefangen haben, gemeinsam jeden Tag mit ihren Tieren Wind und Wetter trotzen. Mit denen Cornelia schon die schlimmsten Hochwasserkatastrophen überstanden hat und immer wieder wochenlang, von der Außenwelt abgeschnitten, ein Inseldasein auf dem Hof führte. Am Ende überwiegt die Liebe zu ihrem Mann, der eine Passion hat, der seinen Beruf mit all seinem Herzblut lebt. Der Vater ihres Kindes, der sie immer wieder fasziniert. Und es ist diese Postkartenidylle, die Elbe, die wunderschöne Landschaft, die Cornelia inspiriert. Auch wenn oft nur ihre Seele all die Schönheit wahrnimmt.

Anja ist Homöopathin und Mutter von vier Jungs und einem Mädchen. Fünf Kinder, von drei verschiedenen Vätern, die dem Leben der freiheitsliebenden Frau, die nicht selten über den Wolken schwebt, Halt und Struktur geben.

ANJA 42, Homöopathin
Anker im Leben

Vorlesen, trösten, wickeln, die letzte Mathearbeit besprechen, Fußballschuhe su-chen, Streit schlichten, selbstgemalte Bilder bewundern: fünf Kinder im Alter zwischen vier Monaten und 16 Jahren, fünf unterschiedliche Tagesabläufe und Bedürfnisse. Eine große Patchworkfamilie in einem alten Jugendstilhaus mitten in Aachen, die wie ein schwerer Tanker durch den Tag gesteuert wird. Es ist nicht leicht, neben dem eigenen Beruf kein Kind aus den Augen zu verlieren, jedem einzelnen gerecht zu werden. Eine Herausforderung, mit der Anja inzwischen ziemlich gelassen umgeht. Dass ausgerechnet sie, die Freiheitsliebende, Mutter von fünf Kindern ist, hätte sie sich noch vor ein paar Jahren nicht vorstellen kön-nen. Das war nie ihr Plan.

Den Vater ihres ersten Kindes kennt Anja gerade drei Monate, als sie mit 24 Jahren schwanger wird. Nach der Geburt ihres Sohnes Lenard versuchen sich die jungen Eltern als lockere Kleinfamilie. Ein Experiment, das nach einem Jahr kläglich scheitert. Ein Albtraum für die junge Studentin, die plötzlich alleinerzie-

hend mitten im Examen steckt und am Leben ihrer Freunde nicht mehr teilnehmen kann, weil sie rund um die Uhr für ihr Baby sorgen muss. Doch nach und nach finden sie und Lenny ihren Rhythmus und werden ein richtig gutes Team.

Als ihr Sohn zwei Jahre alt ist, lernt Anja Sebastian kennen. Der frisch getrennte Vater einer Tochter ist für sie die Idealbesetzung für ein Leben zu dritt. Mit einem Mann zusammen zu sein, der keine Ahnung von Kindern hat, kann sie sich nicht vorstellen. Nach zwei Jahren Beziehungsprobe entsteht der Wunsch nach einem gemeinsamen Kind, nach einer kompletten Familie. Anja und Sebastian heiraten, um sicherer zu sein, denn vor allem Sebastian hat Angst vor weiteren Enttäuschungen. Eine Woche zuvor erfahren die beiden, dass Anja schwanger ist – ihr Hochzeitsgeschenk.

Anja freut sich unendlich auf das Baby, hat jedoch große Angst vor der Geburt. »Als Lenny geboren wurde, habe ich viel Blut verloren. Ich wäre fast gestorben. Lenny hatte eine Klinikinfektion und wurde, bis er zwölf Wochen alt war, ständig untersucht. Diese ganze Zeit war ein Albtraum. Bis ich Elisabeth kennengelernt habe.« Elisabeth ist Homöopathin, sie verhilft Lenny zu einer stabileren Gesundheit und Anja zu ihrem heutigen Beruf. Von einem Tag auf den anderen beendet sie kurz vor dem Examen ihr Soziologiestudium, um auf die Heilpraktikerschule zu gehen. Damals ist Lenny zehn Monate alt. Am Ende der zweiten Schwangerschaft hat Anja ihre Abschlussprüfung in der Tasche und eröffnet eine eigene Praxis. Sie weiß zwar, dass ein Fünfjähriger und ein Neugeborenes nicht die beste Voraussetzung für einen Start in die Selbstständigkeit sind. Dennoch: Mit Sebastian und ausgefeilten Betreuungskonzepten hofft sie, diesen Drahtseilakt hinzukriegen. Ihr Beruf ist für sie Berufung, auf keinen Fall will Anja darauf verzichten. Die Praxis ist ihr Freiraum, hier kann sie Gespräche zu Ende führen und Gedanken zu Ende denken, was in ihrem Pampers-Alltag immer schwieriger wird.

Leander wird geboren. An ihre Mutterrolle hat sich Anja durch Lenny gewöhnt. Kinder zu haben und gleichzeitig einen Beruf auszuüben, ist neu. »In dieser Zeit ging die Mühle los. Ich habe das angefangen, was ich lange Zeit tat: im-

»Das Baby ist unser Hochzeitsgeschenk, ich freue mich total darauf, ein gemeinsames Kind zu haben, denn Lenny ist ja vor allem mein Sohn.«

mer alles gleichzeitig zu machen.« Während sie mit ihren Patienten in der Praxis sitzt, schiebt Sebastian draußen den Kinderwagen auf und ab und reicht ihr Leander zwischendurch zum Stillen. Trotz aller Anstrengungen gelingt Anja der Spagat zwischen Job und Kindern. So gut, dass sie, als Leander gerade zehn Monate alt ist, wieder schwanger wird. »Die beiden Jungs haben einen großen Altersabstand. Ich hatte das Gefühl, dass es gut wäre, wenn Leander ein Geschwisterkind bekommt, mit dem er wirklich was anfangen kann.«

Mit Laurin wird aus der Kleinfamilie eine Großfamilie. Anja und Sebastian brauchen für ihre drei Jungs mehr Platz und ziehen an den Stadtrand, in eine winzige Gemeinde am Rande des Hamburger Hafens. Für Anja bedeutet das vor allem: weniger soziale Kontakte zu haben, viel alleine zu sein. »Das erste Jahr mit zwei Kleinkindern und einem Schulkind war schrecklich. Ich bin über sämtliche

Grenzen gegangen, nervlich, psychisch, körperlich, manchmal bis zur totalen Erschöpfung.« Anja ist sehr diszipliniert und verlangt viel von sich und anderen. Ihr ist es wichtig, sich immer wieder auszuloten. Doch sie muss feststellen, dass das Leben mit drei Kindern und Beruf nicht so funktioniert, wie sie es sich vorgestellt hat. Anja sucht nach anderen Lebensmodellen. Auch ihre Beziehung zu Sebastian verliert an Boden. Die Kinder stehen immer im Mittelpunkt, sodass aus dem einstigen Liebespaar mehr und mehr ein reines Versorgerteam wird, das sich in unterschiedlichen Welten bewegt.

»Ein Fünfjähriger und ein Neugeborenes sind sicher nicht der ideale Start in die Selbstständigkeit, aber mit meinem Mann werde ich das hinkriegen.«

Auf einer Fortbildung trifft Anja Stefan. Sie haben denselben Beruf, ähnliche Fragestellungen, gleiche Interessen – eine schicksalhafte Begegnung. Stefan, Vater zweier Töchter, ist in Aachen verwurzelt, und Anja weiß, wenn sie diese Beziehung leben will, muss sie einen hohen Preis zahlen und ihr geliebtes Hamburg verlassen. Als sie mit Lisanne schwanger wird, ist die Entscheidung gefallen. Anja zieht mit ihren drei Söhnen zum Vater ihrer Tochter. Mit Stefan hat sie einen Partner und ein Lebensmodell gefunden, das ihr entspricht. Der Psychotherapeut und die Homöopathin arbeiten regelmäßig zusammen, leiten gemeinsam Meditations- und Selbsterkenntnisgruppen – ein wesentlicher Faktor ihrer Beziehung. Auch, dass Anja und Stefan häufig auf Reisen sind, gehört dazu. Auf ihrem Jahresplan stehen Workshops in München, Hamburg, aber auch in Brasilien oder Indien. Für Anja ist das selbst mit fünf Kindern möglich und lediglich eine Frage der Organisation. Die Kleinen werden meist vor Ort von einer Kinderfrau betreut. Leander und Laurin sind in diesen Zeiten bei ihrem Vater. Ohne die Freundschaft zu Sebastian, der mittlerweile in der Nähe seiner Söhne lebt, wäre dieses intensive Berufsleben allerdings nicht möglich. Der Kontakt der Kinder zu ihren Vätern ist Anja grundsätzlich wichtig. Sie legt großen Wert darauf, dass jedes Kind eine eigenständige Beziehung zu seinem Vater hat, in die sie sich nie einmischen würde.

In Anjas Patchworkfamilie spielt der Nachwuchs nicht mehr die Hauptrolle. Ihr Beruf, aus dem sie viel Kraft schöpft, und ihre Kinder existieren nebeneinander. »Meine Kinder müssen auch mal auf mich verzichten und werden nicht dauernd von allen Seiten unterstützt. Sie sollen auch Dinge alleine machen. Ich bemühe mich zwar, qualitativ hochwertige Zeit mit ihnen zu verbringen, es ist aber nicht so, dass ich ihnen ständig irgendetwas hinterhertrage.« Damit Anja arbeiten und sich gleichzeitig um die Kinder kümmern kann, hat das Paar, was immer ihr Traum war, eine Haushaltshilfe engagiert. So gehören ihre Nachmittage den Kindern und nicht endlosen Wäschebergen und stundenlangen Großeinkäufen.

»Sebastian ist ein super Vater und der beste Mann, den ich mir in dieser Situation vorstellen kann. Ich freue mich sehr darauf, endlich eine richtige Familie zu sein.«

Vor allem mit ihrem letzten Baby, dem vier Monate alten Luan, hat sich Anjas »Muttersein« noch einmal verändert. Sie ist geduldiger mit sich und ihren Kindern und versucht nicht mehr so sehr ihre eigenen Vorstellungen durchzusetzen. Wenn der Säugling beispielsweise unruhig ist und viel weint, geht sie mit ihm und seinen Bedürfnissen durch den Tag und verzichtet darauf, andere Termine wahrzunehmen. »Ich lebe als Mutter nicht meinen eigenen Rhythmus, sondern im Prinzip den von fünf anderen Personen. Das ist sehr anstrengend, wenn man eigentlich etwas anderes im Kopf hat oder denkt, es müsste alles ganz anders sein. Es ist weniger anstrengend, wenn man den Alltag annimmt.« Als Leander und Laurin klein waren, gab es Zeiten, in denen alle zu kurz kamen. Anja war noch mehr mit sich und ihrem eigenen Erwachsenwerden beschäftigt, ließ sich stärker von den Erwartungen ihrer Umwelt unter Druck setzen. Heute vertraut sie in erster Linie ihrer Intuition und weniger vermeintlichen Erziehungsvorschriften. Anja genießt ihre Mutterrolle. »Das, was mich erfüllt, finde ich bei meinen Kindern und in meinem Beruf, mir würde gar nichts anderes einfallen.« Im Laufe der letzten 16 Jahre hat sie durch ihre Kinder gelernt, gelassener mit den Dingen umzugehen, sich selbst nicht so wichtig zu nehmen. Ihre fünf Kinder verleihen ihrem Wesen, das nicht selten über den Wolken schwebt, Bodenhaftung. Sie sorgen für Halt und Struktur. Sie sind ihr Anker im Leben.

Dank

An dieser Stelle wollen wir uns noch einmal bei all den Frauen bedanken,
die uns so viel Vertrauen geschenkt haben. Sie alle standen von Anfang an hinter
diesem Projekt, ohne sie wäre dieses Buch nie entstanden.

Dank gilt auch dem Knesebeck Verlag, vor allem Fabian Arnet unserem
Art Director und meiner Lektorin Dr. Maria Platte, die mir immer zur Seite stand
und mich mit guten Ideen unterstützte. Auch möchte ich mich bei meiner
Freundin Gabi Junklewitz für ihre Unterstützung, ihren stets konstruktiven und
einfühlsamen Blick bedanken.

Ganz, ganz wichtig sind natürlich unsere Familien – Neles Kinder
Levi und Greta und meine Kinder Tom und Lili, sowie mein Mann Andreas,
denen wir dieses Buch widmen.

—

Deutsche Originalausgabe
Copyright © 2011 von dem Knesebeck GmbH & Co. Verlag KG, München
Ein Unternehmen der La Martinière Groupe

Gestaltung: Fabian Arnet, Knesebeck Verlag
Herstellung: Büro Sieveking, München
Lithografie: Reproline Genceller, München
Druck: Firmengruppe APPL, Aprinta Druck, Wemding
Printed in Germany

ISBN 978-3-86873-367-9
www.knesebeck-verlag.de